JN417073

코딩 원리를 쉽게 배우기 위한

C 게임으로 프로그래밍 마스터하기

북스홀릭 Publishing

국립중앙도서관 출판예정도서목록(CIP)

(코딩 원리를 쉽게 배우기 위한) 게임으로 C 프로그래밍 마스터하기 / 지은이: 원일용. -- 서울 : 북스홀릭 퍼블리싱, 2018
380p. ; 19×26cm

권말부록: 확장팩 ; mtg core API
ISBN 979-11-85123-96-7 93000 : ₩25000

C 프로그래밍[C programming]

005.133-KDC6
005.133-DDC23 CIP2018001662

코딩 원리를 쉽게 배우기 위한

게임으로 C 프로그래밍 마스터하기

초판 1쇄 발행일_ 2018년 2월 1일

지 은 이_ 원일용
펴 낸 이_ 조완용, 고영진
표지디자인_ 블루기획

북스홀릭 Publishing

주소_ 서울시 금천구 시흥1동 992-12 영광빌딩 203호
문의전화_ 02-896-7846 / 02-3142-3600 **팩스_** 02-896-7852
홈페이지_ http://www.booksholic.co.kr

발행처_ 북스홀릭 퍼블리싱 **출판등록번호_** 제2012-000063호

ISBN_ 979-11-85123-96-7 [93000]

0. 이 책은 어떤 독자를 대상으로 하는가?

C는 현대 컴퓨터 프로그래밍의 가장 근본이 되는 언어이지만, 일부 특별한 사용자들을 제외하면 점점 잊혀지고 있는 언어이다. 그러나 여전히 중요한 프로그램들은 C를 기반으로 만들어 지고 있다. 많은 상위단의 스크립트 언어들이 유행하고 있는 오늘날도 그 언어 자체를 만들고, 해당 언어의 기반이 되는 핵심 라이브러리를 만드는데 사용하는 언어는 여전히 C다.

오랜 세월 C언어를 가르치며 느꼈던 것은 다음과 같다. C언어를 공부하는 전통적인 방법은 문법 중심으로 접근하는 것인데, 이러한 접근법은 C언어를 조금 공부하다가 언어에 대한 흥미를 잃어버리는 경우가 종종 있었다. 또 이런 접근법으로 책 1권을 모두 공부했지만, 자신의 생각으로 간단한 게임이라도 만들어 보려고 하면 어려움에 봉착하는 경우도 많이 보았다. 이 책은 이런 증세를 극복하고자 하는 독자를 위해 필자가 고안해서 교육하고 큰 효과를 본 방법으로 집필한 책이다.

이 책은 기존의 문법 중심의 학습서와는 확연하게 다르다. 각 장마다 학생들은 자신이 완성해야 하는 목표(퀘스트)가 주어진다. 이 목표를 위해서 필요한 기술(Item & Tech)들을 조각조각 내어서 학생들에게 소개한다. 이 책은 학생들은 문법을 의식하지 않고 게임을 완성하기 위한 Item과 Tech를 익히며, 자신이 수행하고자 하는 퀘스트에만 집중하면 저절로 문법과 프로그래밍 방법을 습득할 수 있도록 되어있다.

C를 어느 정도 공부해 보면 스크롤링이 없는 그래픽 화면에서 무엇인가를 해보고 싶은 요구가 생긴다. 이러한 요구를 만족 시키려면 해당 운영체제에서 지원하는 복잡한 그래픽 API를 사용하거나 다중 플랫폼을 지원하는 GUI 라이브러리를 사용해야 하는데, 문제는 초보자가 진입하기에는 너무 복잡하고 어렵다는 것이다. 그냥 지금 배운 C 수준에서 함수 1~2개만 추가 학습하여 간단한 그래픽 화면을 사용하는 프로그램을 만들어 보고 싶다는 요구를 충족시키기 위해, mtg 라이브러리를 기획하고 만들었다. mtg 라이브러리는 콘솔환경에서 텍스트 기반의 간단한 그래픽 프로그램을 만들 수 있는 함수들의 모임이다. 윈도우즈, 리눅스 등의 C가 동작하는 대부분의 콘솔 환경에서 mtg로 만든 프로그램이 동작한다. 이 책 1부에서는 기존 표준 C의 입출력 함수로 스크롤링 되는 화면에서 프로그래밍 하는 환경을 사용하며, 이어지는 2부에서는 간단한 텍스트 그래픽 라이브러리인 mtg를 사용하여 프로그래밍 하는 환경을 사용한다.

특히 기존 운영체제 환경에서 C언어를 코딩해보기 위해 초기에 설치해야 하는 프로그램들이 복잡하고 용량도 커서 코딩을 해 보기도 전에 의욕을 상실 하는 경우도 많이 있는 것 같다. 그래서 이 책에서는 전통적 환경뿐만 아니라, 인터넷이 되는 환경에서 웹 브라우저를 시작해서 별도의 개발 환경 설치 없이, 바로 책의 내용을 코딩하고 실행해 볼 수 있는 클라우드 환경을 추가로 소개 하였다. 또 다양한 운영체제에서 코딩해 볼 수 있도록 하기 위해 윈도우즈, 리눅스 등에서 개발하는 환경을 구체적으로 기술하였다. 필자가 추천하는 학습 환경은 다음과 같다. 공부를 시작하는 처음에는 클라우드 환경을 사용하고, 2부 정도에서 다양한 운영체제에 각각의 개발환경을 구축하고 사용하는 것이다.

1. 이 책으로 효과를 보려면 어떻게 공부해야 하는가?

본서는 여러 개의 퀘스트로 구성되어 있으며 각각의 퀘스트에는 "프롤로그 ➜ 기초공략 ➜ 코딩공략 ➜ 내공쌓기 ➜ 구조공략 ➜ 확장공략"으로 이루어져 있다.

프롤로그는 해당 퀘스트의 목표를 설명하는 부분이며, 기초 공략에는 해당 퀘스트를 클리어하기 위해 필요한 각종 문법적 지식(아이템)과 필요한 기술(Tech)을 가지고 있다. 코딩공략에서는 단계별로 퀘스트를 완성해가는 코드가 제시되어 있다. 내공쌓기는 코딩공략단계를 코드 참조 없이 스스로 코딩을 완성하는 것을 체크하는 단계이며, 구조공략은 앞에서 완성한 퀘스트를 문서화 하는 단계이다. 마지막 확장 공략은 코딩공략의 기능을 다양하게 확장하여 스스로 구현해 보는 단계이다.

이 책을 독학하기 위해서는 철저히 단계별로 제시된 내용을 차례로 따라가면서 목표를 달성해야 한다. 물론 필요한 부분만을 골라서 보는 방법도 있다. 그러나 이러한 학습법은 저자가 의도한 효과를 100% 달성하기는 어려움이 있다. 특히 명심해야 하는 것은 다음 단계로 옮길 때 스스로 테스트를 해서 저자가 지정해놓은 기준을 통과 할때 만 다음 단계로 이동해야 한다는 것이다. 마음이 급해서 몸으로 체득하지 못하고 눈으로만 쇼핑하는 지식은 그 순간은 충분하게 이해되지만 실전에서는 거의 사용할 수가 없는 죽은 지식이 됨을 명심해야 한다.

독학을 가장 효율적으로 하기 위한 지침은 아래와 같다.

가. 꼭 책의 순서를 지키면서 학습할 것
나. 한 단계에서 다음 단계로의 이동은 자체 테스트를 통과 했을 때만 하고, 통과 되지 못하면 앞 단계를 다시 볼 것
다. 코드는 눈으로 확인하지 말고 꼭 손으로 확인해 볼 것

2. 이 책을 강의하기 위한 몇 가지 지침

가. 프롤로그에서는 만들고자 하는 목표를 학생들에게 확인 시켜 줄 것
나. 기초 공략의 내용을 학생들의 수준에 따라 자세하게 또는 간단하게 학습 시킬 것
다. 코딩공략을 적당하게 끊어 코딩 훈련을 시키고, 반드시 반복 훈련을 시킬 것. 특히 이 책에 제시된 코드의 끊기 량은 필자의 경험을 반영한 것일 뿐, 학생들의 상태와 능력에 따라 자유롭게 변경하여 적용할 것
라. 앞 단계 훈련이 끝나면, 본인 스스로 모든 단계를 교과서나 주위의 도움 없이 혼자 처음부터 끝까지 해볼 수 있도록 반복 훈련의 시킬 것
마. 교과서의 내용을 확장하거나 변경하는 레포트 등을 적극 요구할 것

3. 출간에 도움을 주신 분들

한 권의 책이 모양을 갖추고 독자 앞에까지 가기 위해서는 뒤쪽에서 수많은 분들의 노력이 필요한 것 같다. 책을 기획하고 출판에 도움을 주신 북스홀릭 퍼블리싱 가족들에게 고마운 마음을 전한다.

원고 디버깅에 참가한 제자 배병주군에게도 고마움을 전한다.

4. 저자에 대하여

저자는 사물의 본질을 찾아 여행하는 여행가 이다. 특히 인간의 의식과 마음에 관심이 많으며, 인공적인 의식과 마음을 만들어 보고 존재의 의미를 깊게 이해하고자 노력하고 있다.

Prologue 4

Preview 8

제1부 기초 프로그래밍

Quest00 환경 설정

01_프롤로그 12
02_기초공략 13

Quest01 계산기

01_프롤로그 24
02_기초공략 25
03_코딩공략 32
04_내공쌓기 37

Quest02 성적처리

01_프롤로그 40
02_기초공략 41
03_코딩공략 48
04_내공쌓기 54

Quest03 로또

01_프롤로그 56
02_기초공략 57
03_코딩공략 61
04_내공쌓기 65

Quest04 구조적 프로그래밍

01_프롤로그 68
02_기초공략 69
03_코딩공략 80
04_내공쌓기 98

Quest05 가위 바위 보

01_프롤로그 102
02_기초공략 103
03_코딩공략 110
04_내공쌓기 120
05_구조공략 121
06_확장공략 122

Quest06 숫자 야구

01_프롤로그 124
02_기초공략 125
03_코딩공략 131
04_내공쌓기 146
05_구조공략 147
06_확장공략 148

Quest07 행맨

01_프롤로그 150
02_기초공략 151
03_코딩공략 160
04_내공쌓기 176
05_구조공략 177
06_확장공략 178

제2부 Text Graphic 프로그래밍

Quest08 멀티 플랫폼 기반 텍스트 그래픽 라이브러리

01_프롤로그 182
02_기초공략 183
03_코딩공략 198
04_내공쌓기 203

Quest09 숫자퍼즐

01_프롤로그 206
02_기초공략 207
03_코딩공략 212
04_내공쌓기 232
05_구조공략 233
06_확장공략 234

Quest10 석고반

01_프롤로그 236
02_기초공략 237
03_코딩공략 243
04_내공쌓기 262
05_구조공략 263
06_확장공략 264

Quest11 테트리스

01_프롤로그 266
02_기초공략 267
03_코딩공략 278
04_내공쌓기 298
05_구조공략 299
06_확장공략 300

Quest12 산성비

01_프롤로그 302
02_기초공략 303
03_코딩공략 310
04_내공쌓기 324
05_구조공략 325
06_확장공략 326

Quest13 갤러그

01_프롤로그 328
02_기초공략 329
03_코딩공략 333
04_내공쌓기 359
05_구조공략 360
06_확장공략 361

부록 I 확장팩

01_배경음악 및 효과음 추가(윈도우즈) 364
02_MTG에서 컬러문자 출력(윈도우즈) 366
03_MTG의 화면 출력 방법과 함수(윈도우즈) 368
04_게임 시작 타이틀 화면 제작(윈도우즈) 369
05_다중 스테이지 지원 373

부록 II mtg Core API

01_mtg Core API 378
02_mtg sound Core API 379

Preview

제1부_기초 프로그래밍

Quest01 계산기

Quest02 성적처리

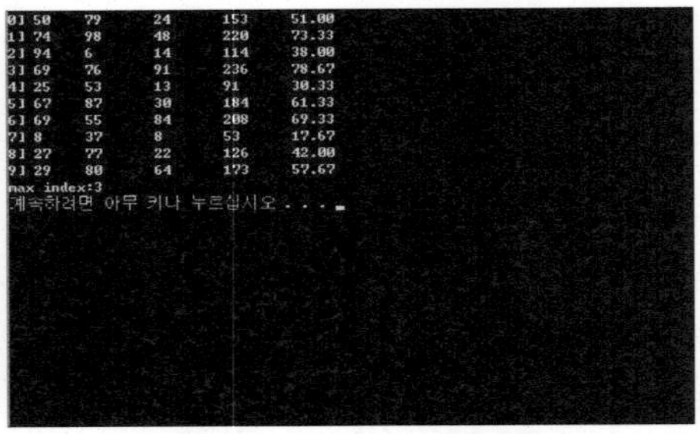

Quest03 로또

Quest05 가위 바위 보

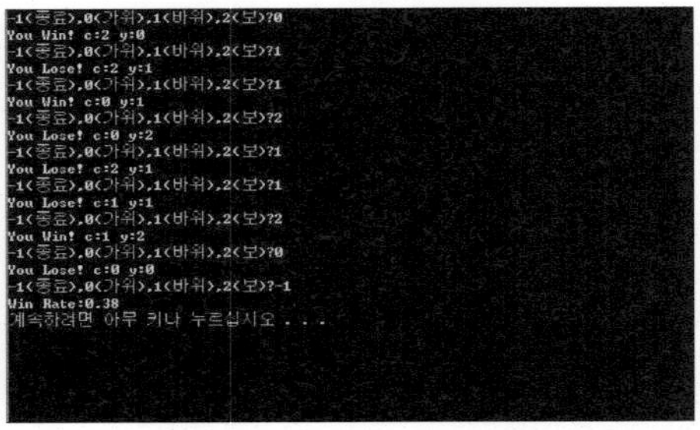

Quest06 숫자 야구

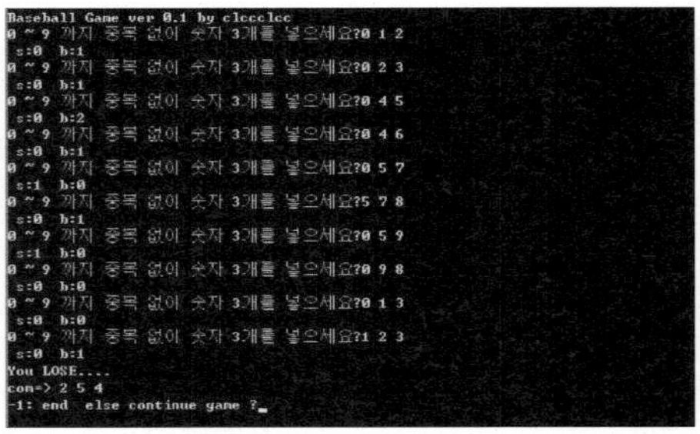

Quest07 행맨

Quest08 멀티 플랫폼 기반 텍스트 그래픽 라이브러리(MTG)

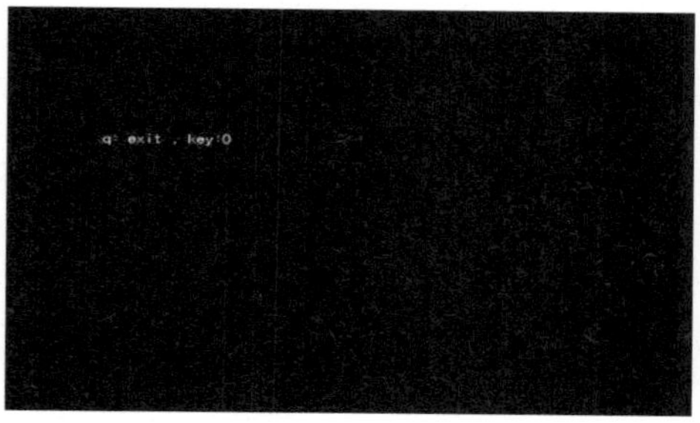

Quest09 숫자퍼즐

Quest10 석고반

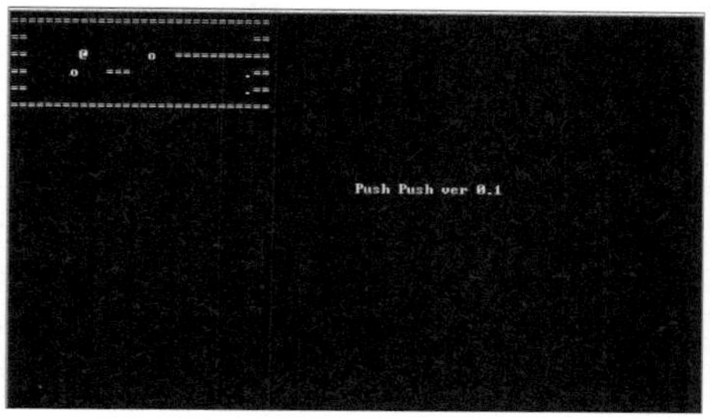

Quest11 테트리스

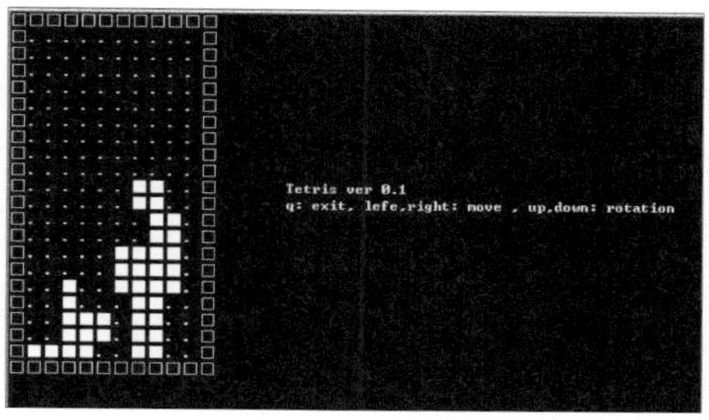

Quest12 산성비

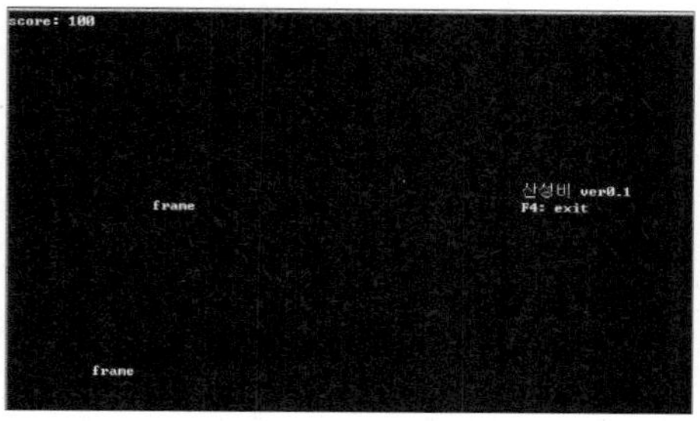

Quest13 갤러그

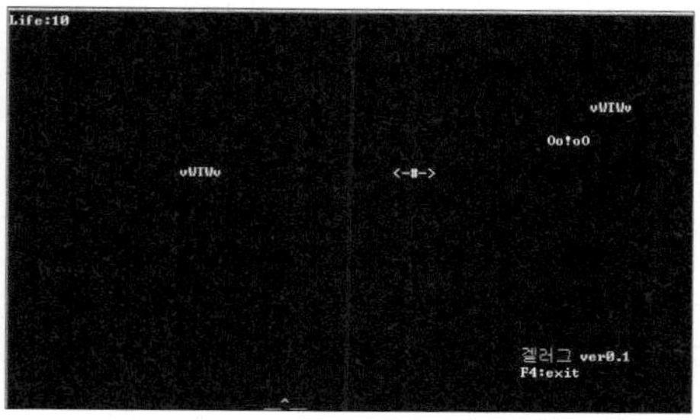

제1부 기초 프로그래밍

Quest00 환경 설정

Quest01 계산기

Quest02 성적처리

Quest03 로또

Quest04 구조적 프로그래밍

Quest05 가위 바위 보

Quest06 숫자야구

Quest07 행맨

Quest 00

환경 설정

01 프롤로그

프롤로그는 해당 Quest의 목적을 간략하게 기술한 곳이다. 이곳을 잘 읽어서 해당 Quest의 목적을 정확하게 이해하는 것이 꼭 필요하다.

Visual Studio에서 새로운 프로젝트를 설정하고, 화면에 “hello”를 출력하는 코드를 추가한 후 빌딩하고 실행하라.

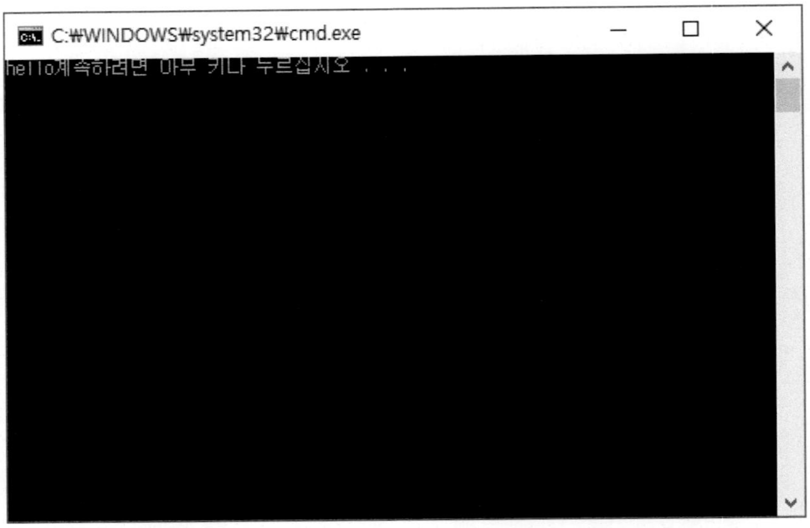

02 기초공략

기초공략 단계는 해당 Quest를 클리어하기 위한 기초적인 문법지식, 툴 사용방법과 절차, 프로그램 로직 등을 짧은 길이로 제시한 곳이다. 기초공략 단계에는 Item과 Tech로 구분된다. Item들은 Quest를 클리어하기 위해 꼭 이해해야하는 문법적 지식을 중심으로 기술하였으며, Tech는 프로그래밍 및 툴의 사용절차를 기술한 것이다. Tech는 꼭 따라해 보고 스스로 자신의 기술로 익혀야한다. 특히 Tech를 소홀하게 하고 다음 단계로 진행하면 큰 어려움에 직면하게 될 것이다. 다시 한 번 강조하는데 Item은 꼭 이해하고, Tech는 스스로 실행할 수 있어야 한다.

Item 01 C 언어의 위치

컴퓨터에서 동작하는 프로그램을 만들기 위해서는 컴퓨터 언어를 사용해야한다. 컴퓨터 언어는 저급언어인 기계어에서 어셈블리언어로 진화했고 이후 다양한 고급언어들로 발전 하였다. 기계어와 어셈블리어는 컴퓨터가 가장 선호하는 언어라고 할 수 있다. 모든 고급언어 로 만들어진 프로그램은 궁극적으로 이러한 기계어로 번역된다. 저급언어는 효율성이라는 면에서는 뛰어 나지만 개발의 편의성이라는 면에서는 개발자에게 큰 어려움을 준다. 따라서 효율성과 편이성이라는 두 가지 요소를 적절하기 고려할 수 있는 언어가 필요한데, C언어가 이러한 조건을 최적으로 만족시키는 언어로 알려져 있다.

C 언어는 1972년 데니스 리치(Dennis MacAlistair Ritchie)가 개발한 언어로 당시 대형 컴퓨터에서 좀 더 자유로운 표현을 위해 B언어를 개량하여 만들었다고 한다. 컴퓨터 언어의 역사에서 보면 수많은 언어들이 나타났다 사라지곤 했는데 C언어는 어셈블리 언어와 함께 가장 장수하는 언어라고 할 수 있다.

기계어(사람에게는 어려움) → 어셈블리언어 (타협점) → C언어 (생산성이 높음)

Item 02 개발 과정 및 개발 툴

C언어를 사용하여 프로그램을 작성하는 절차는 다음과 같다.

소스 코딩(test.c) ➜ 컴파일 (test.o) ➜ 링킹(test.exe)

소스코드(test.c)를 목적파일(test.o)로 만드는 과정을 컴파일이라고 하고, 이것을 만들어 주는 프로그램을 컴파일러라고 한다. 또 목적파일(test.o)을 실행파일(test.exe)로 만드는 과정을 링킹이라고 하고, 이것을 담당하는 프로그램을 링커라고 한다. 최근에는 소스코드를 컴파일하고 링킹하는 과정을 모두 합쳐서 빌딩(building)이라고 부르기도 한다. 개발 환경에 따라 각각의 단계를 수동으로 진행해야 하는 경우도 있지만, 최근 추세는 통합 명령어 1개로 모든 단계를 수행하는 것이 일반적인 추세다. 또 GUI 기반 개발 환경에서는 모든 것이 숨겨져 있어, 각각의 단계를 인지하기는 어려움이 있다.

Item 03 C언어 개발 툴

C언어를 개발할 수 있는 툴은 크게 두 종류로 나눌 수 있는데, 첫째는 자신의 머신에 개발 환경을 설치하고 개발을 진행하는 방법이다. 윈도우즈에서 C언어를 개발하는 대표적인 툴은은 Visual Studio가 있다, 이 툴은 소스 편집기, 컴파일러, 링커 등 모든 툴들을 통합해 놓은 통합형 개발환경이라고 할 수 있다. Visual Studio는 다양한 버전이 존재하고 있으며 계속하여 버전업이 진행되고 있다. 이 책이 집필되는 시점에서, 마이크로소프트의 Visual Studio 2017-community 버전이 무료로 배포되고 있다. 이외에도 많은 무료 개발툴이 발표 되어 있으므로 자신의 조건에 적당한 툴을 선택해서 학습을 진행하면 된다. 자세한 설치법은 인터넷이나, 유투브 등을 참고하면 된다.

두 번째는 클라우드에 개발 환경을 사용하는 방법이다. 이 접근법은 초보자에게 편리할 수 있다. 복잡하고 성가신 개발환경 설치라는 과정을 건너 뛰어, 인터넷에 접속해서 바로 코드를 시작할 수 있다. 이 책이 집필되는 시점에 검색어를 "온라인 C/C++ 컴파일러" 라고 찾아보면 다양한 유료/무료 서비스들을 발견할 수 있다. 이 중 쉽게 느껴지는 무료 서비스를 선택해서 사용하면 된다. 특히 이러한 온라인 개발 환경들도 자신의 코드를 클라우드 저장소나, 자신의 PC에 직접 저장하고 사용할 수 있는 기능들을 지원한다. 이러한 방법은 특별한 컴퓨터가 필요없고 인터넷만 가능하다면 어디서든 개발이 가능하다는 장점이 있다.

두 가지 방법은 각각 장단점을 가지고 있는데, 개발을 목적에 따라, 개발자의 선호도에 따라 적당한 것을 선택하면 될 것 같다. 참고로 필자는 로컬 개발환경으로 윈도우즈에서는 Visual Studio 2017 - Community 버전을, 온라인에서는 무료인 Codingground(https://www.tutorialspoint.com/online_c_compiler.php)를 사용하고 있다. Linux 에서는 콘솔에서 vi , gcc 등을 사용하며, Linux GUI환경에서는 Netbeans 등을 사용하고 있다.

개발환경보다는 C 자체에 집중해서 빠르게 공부하고 싶다면 클라우드 환경을 권장한다.

Item 04 프로젝트와 솔루션

Visual Studio에서 작업을 하려면 기본적으로 프로젝트라는 단위를 만들어야 한다. 한 개의 프로젝트에는 동일한 목적을 위해 여러 개의 소스 파일이 포함되어 있다. Visual Studio는 소스를 프로젝트 단위로 다룬다. 이러한 프로젝트를 여러 개 동시에 다루는 단위를 솔루션(작업공간)이라고 한다.

솔루션 = 프로젝트1 + 프로젝트2 + ...

Item 05 프로젝트의 기본 틀 코딩

우리가 만드는 C 프로그램의 프로젝트는 아래와 같은 기본 틀을 가지고 있다. 따라서 처음 학습하는 학습자는 꼭 아래의 틀을 암기하고 코딩할 수 있어야 한다. 항상 새로운 프로젝트를 시작하면 아래의 코드에서 출발한다. 코드의 자세한 의미는 Quest를 진행하면서 차츰 설명할 것이다.

```
#include <stdio.h>
#include <stdlib.h>

int main()
{

   return 0;
}
```

Tech 01 프로젝트 생성 및 빌딩과 실행(Visual Studio 2017 기준)

01 Visual Studio를 시작한다.

02 File ➜ New ➜ Project를 선택한다.

03 Visual C++ ➜ Windows 콘솔 응용 프로그램을 선택한다.

04 프로젝트 이름(MyTest)을 지정한다.

05 위치에 바탕화면을 지정한다.

06 [확인]을 선택한다.

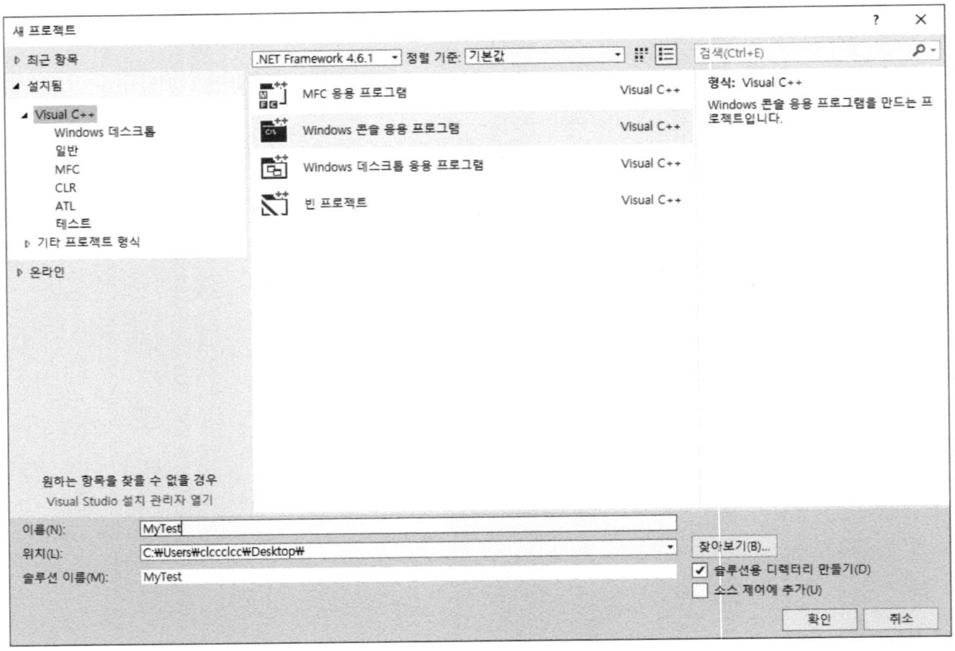

07 MyTest.cpp 파일에 아래와 같이 코딩(기본틀 코딩)하고 빌딩한다.(단축키: F7)

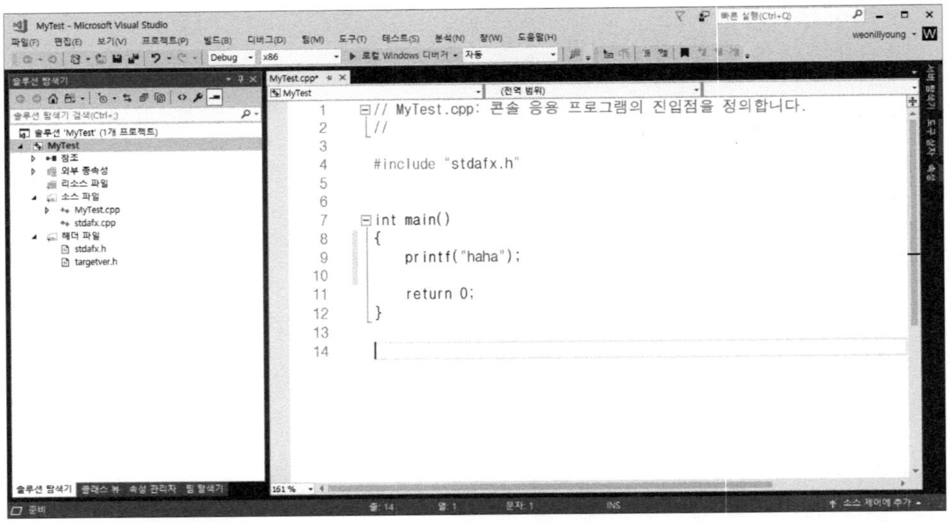

08 프로그램을 실행한다.(단축키: Ctrl+F5)

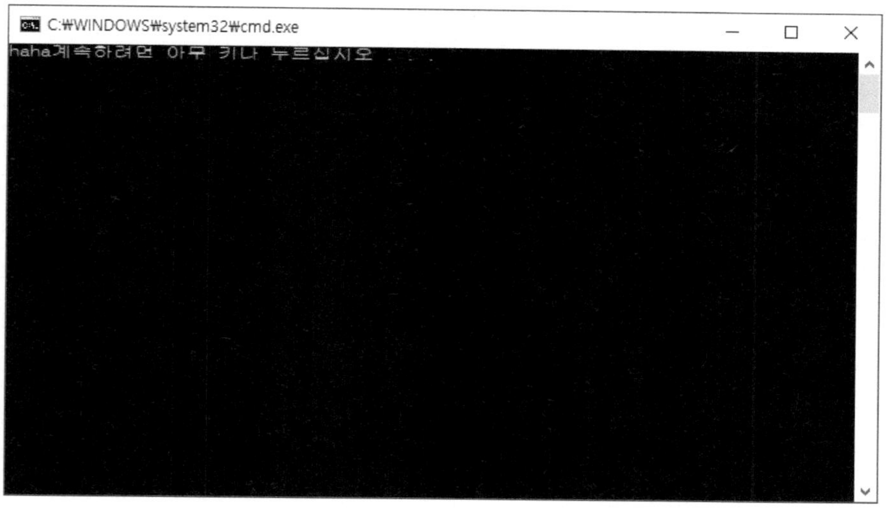

Item 06 프로젝트 물리적 폴더 및 Debug 폴더

프로젝트 만들 때 기본 폴더가 있다. 프로젝트 이름을 test1이라고 하면 기본폴더에 test1이라는 폴더가 만들어 지고 여기에 필요한 각종 파일들이 있다. test1폴더에는 Debug폴더라는 것이 있는데 여기에 실행 파일이 만들어 진다. 프로젝트를 백업하려면 이 test1폴더를 통째 백업하고 여기에 있는 프로젝트 시작 파일을 열면 다시 프로젝트를 시작할 수 있다. Debug 폴더는 다른 파일만 있으면 언제든 빌딩으로 다시 만들 수 있으므로 가지고 다닐 때는 지워도 된다. 사실 test1폴더의 크기는 대부분 Debug 폴더가 차지한다. 따라서 이 폴더를 지우면 프로젝트 폴더 자체의 크기는 작아진다.

예를 들어 Location을 바탕화면으로 지정하고, Project 이름을 MyTest1이라고 하면 바탕화면에 MyTest1이라는 폴더가 자동으로 생성된다.

Tech 02 기존 프로젝트를 열고 내용 편집하기(Visual Studio 2017 기준)

01 이미 만든 프로젝트 폴더를 열고 프로젝트이름.sln (솔루션파일) 파일을 더블클릭하면 Visual Studio가 시작된다.

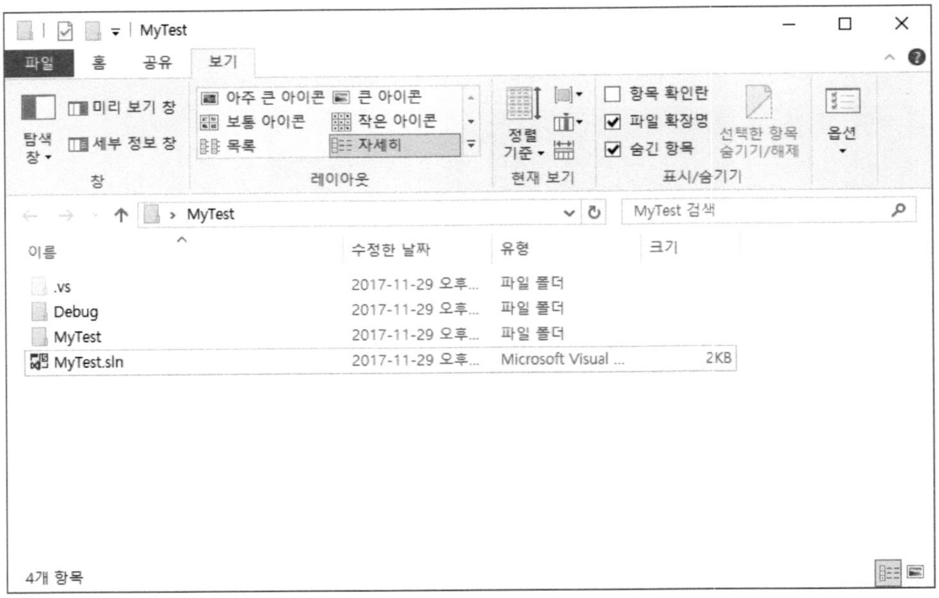

02 소스를 일부 변경한 후 빌딩(F7)하고 실행(Ctrl + F5)한다.

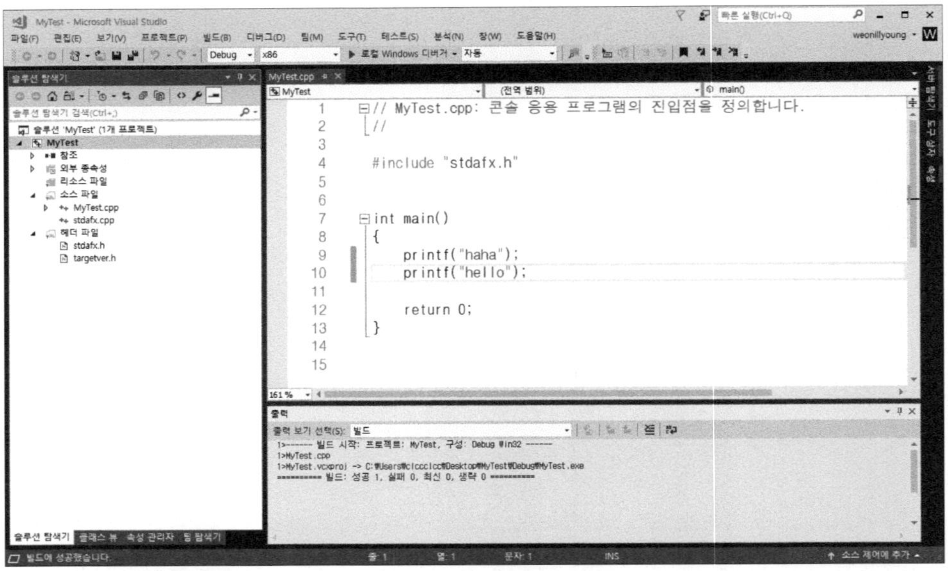

Tech 03 프로젝트 생성 및 빌딩과 실행(CodingGround 기준)

01 크롬 브라우저로 "https://www.tutorialspoint.com/online_c_compiler.php"에 접속해서 환경을 시작한다.

02 Project ➜ RenameProject : “MyTest” 입력 후 [확인]을 선택한다.

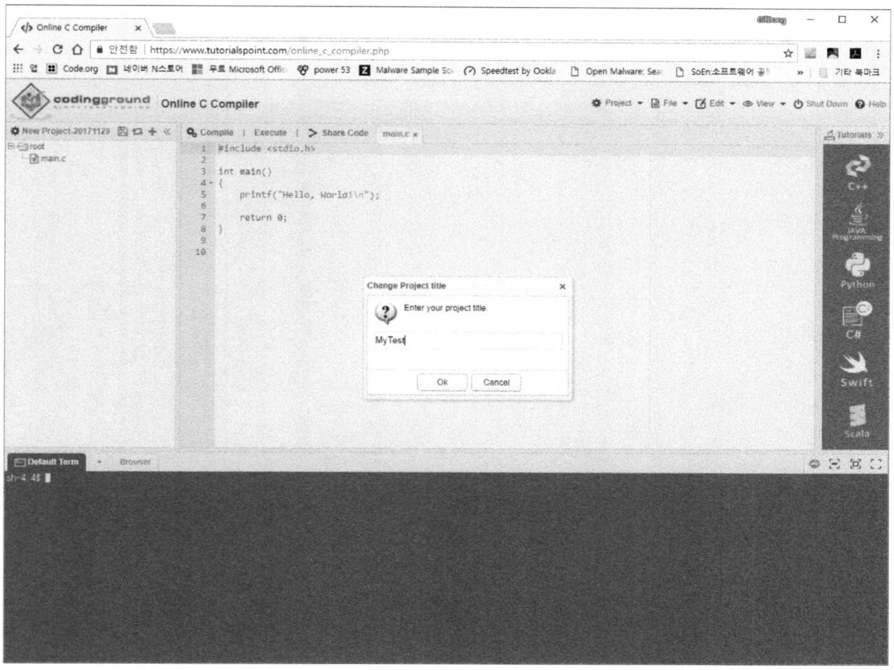

03 코드를 추가한다.

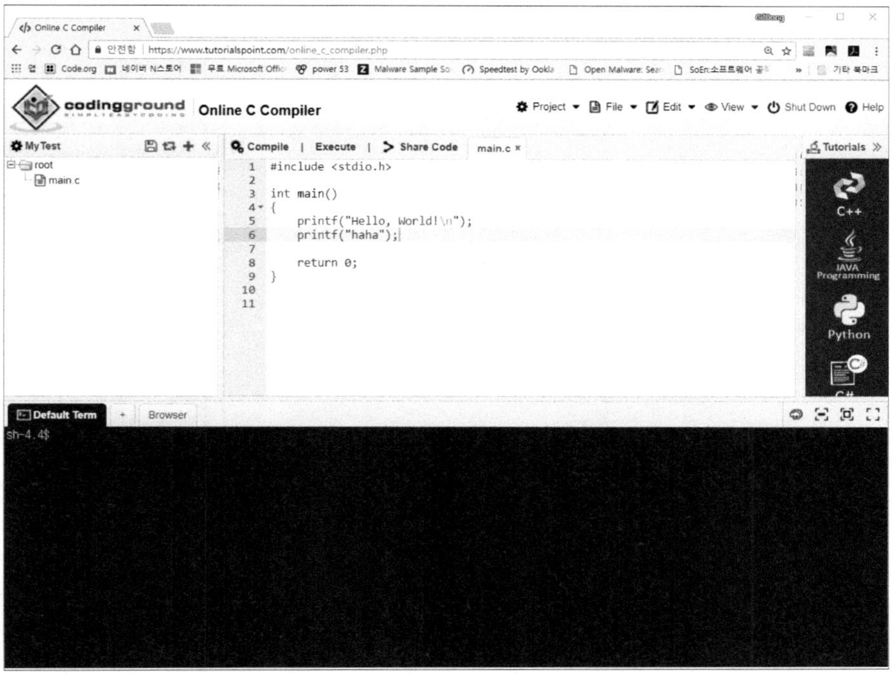

04 Compile을 선택하고 Execute를 선택해서 실행한다.

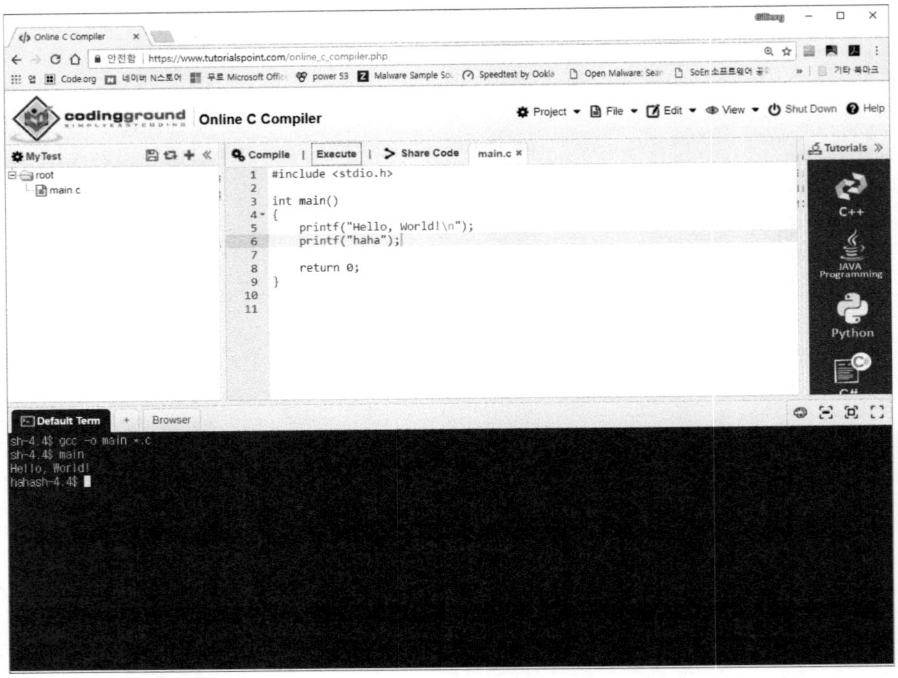

05 Project ➜ Download Project를 선택해서 프로젝트를 저장한다.(다운로드 폴더에 "MyTest.tar.gz"로 저장됨)

Tech 04 기존 프로젝트를 열고 내용 편집하기(CodingGround 기준)

01 크롬 브라우저로 "https://www.tutorialspoint.com/online_c_compiler.php"에 접속해서 환경을 시작한다.

02 Project ➜ Upload Project를 선택하고 "MyTest.tar.gz" 파일을 선택한다.

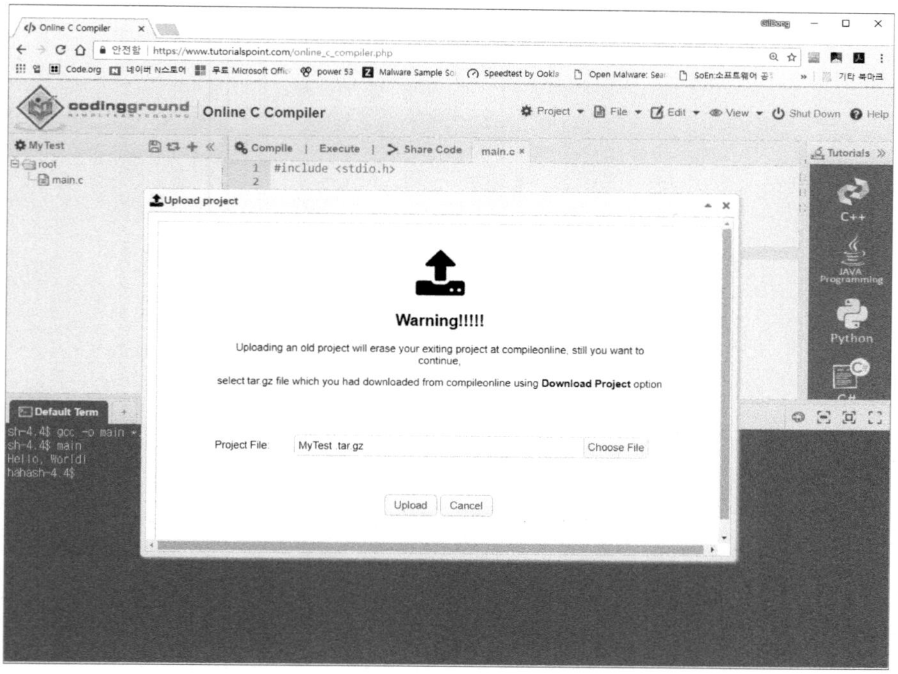

03 열려있는 main.c 파일 탭을 닫고 왼쪽 프로젝트 목록 트리에서 main.c를 더블클릭해서 편집 상태로 만든다.

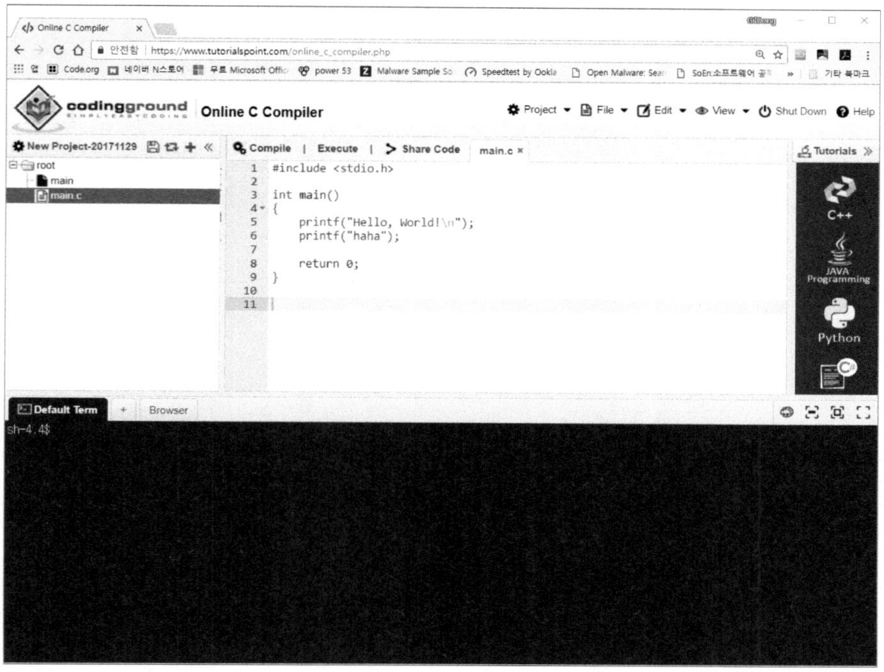

04 새로 내용을 추가하고 컴파일(Compile), 실행(Execute)한다.

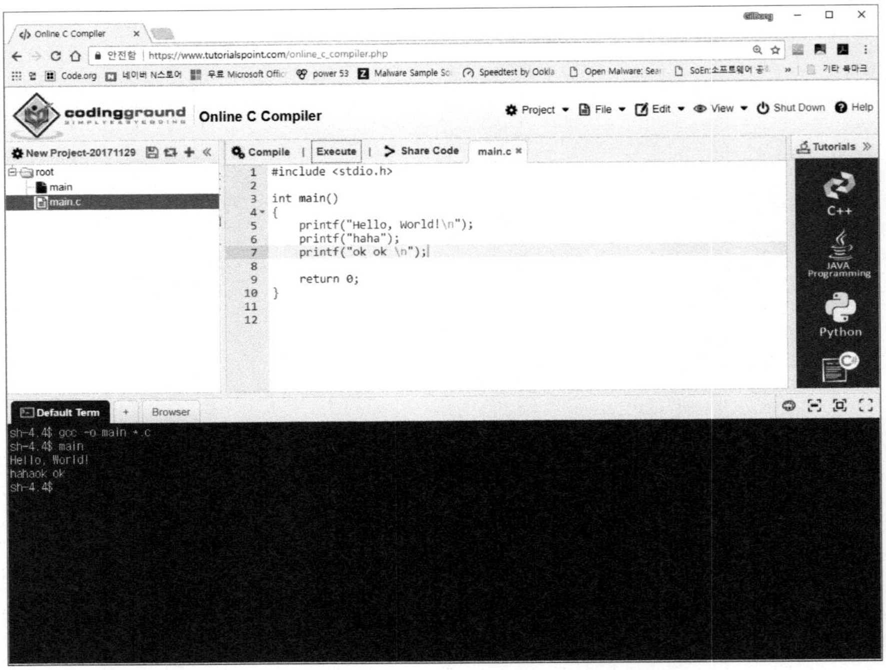

Quest 01

계산기

01

프롤로그

두 개의 정수를 입력 받아, 더하고, 빼고, 곱하고, 나눈 값을 출력하라. 또 입력된 두 수 중 큰 수를 출력하라.

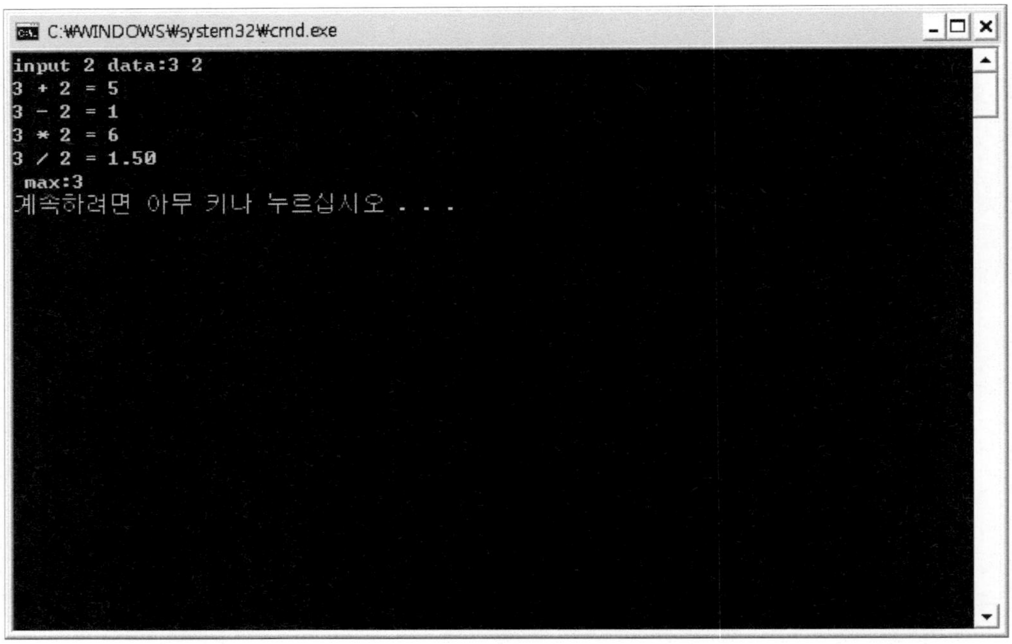

02 기초공략

Item 01 기초 틀 이해하기

처음 C 언어로 프로그램을 작성할 때 기본적으로 아래와 같은 틀을 미리 만들어야 한다. 첫 번째 나오는 #include 〈stdio.h〉와 #include 〈stdlib.h〉는 C에 필요한 각종 정의 및 미리 선언된 환경이 포함되어 있다. 모든 코드는 main()이라는 지정된 위치에서 기술하여야 한다. 코드는 실행되는 명령어로 구성된 부분과 프로그래머의 편의를 위해 설명을 적어둔 문서 부분(주석)으로 나누어지는데, 주석 부분은 실행되지 않는다. 주석은 시작 시 "//"로 시작하면 해당 줄이 변경되기 전까지 모두 주석으로 인식된다.

C로 만든 프로그램을 실행시키면 main() 함수 내부에 있는 내용이 실행되고 main()이 끝나면 프로그램도 종료된다.

```
#include <stdio.h>
#include <stdlib.h>

int main()
{
    //아래에 원하는 명령어(코드)를 쓰세요

    return 0;
}
```

만약 주석이 2줄 이상 되면 아래와 같이 시작은 "/*" 로 끝나는 부분은 "*/"로 표기한다.

```
#include <stdio.h>
#include <stdlib.h>

int main()
{
        /*  주석이 시작 되었습니다.
            여기는 주석입니다.
```

```
            주석을 끝내려 합니다.
        */

    return 0;
}
```

Item 02 기초 데이터의 종류와 상수

C에서 다루는 데이터의 종류는 크게 수치 데이터와 문자열 데이터로 구분할 수 있다. 수치 데이터는 정수형과 실수형(소수점이 있는 데이터)로 구분한다. 문자열 데이터는 문자와 문자열로 나누어지는데, 문자는 1개의 값이고 2개 이상의 문자 집합을 '문자열'이라고 한다. 이러한 데이터의 구체적인 값들을 C에서는 '상수'라고 한다.

```
3         ← 정수형 상수
3.0       ← 실수형 상수
'A'       ← 문자형 상수, 문자는 꼭 ' ' 로 표기해야 한다.
"love"    ← 문자열 상수, 문자열은 꼭 " " 로 표기해야 한다.
```

Item 03 수치형 자료

C에서 다루어지는 수치형 자료는 '정수형'과 '실수형'으로 나누어진다. 정수형에는 int, long 등이 있으며 실수형에는 float, double 등이 있다. int와 long의 차이는 저장할 수 있는 숫자의 크기가 다르다는 점이며, float와 double의 차이는 저장할 수 있는 숫자의 소수점 정밀도가 다르다는 것이다. 당분간 우리는 정수형은 int로 사용하고 실수형(소수점)은 float로 사용할 것이다.

Item 04 변수

C에서 값을 메모리 공간에 저장하기 위해 메모리 공간을 예약해야 한다. 메모리 공간을 예약하는 방법은 아래와 같다.

```
int a; ← int : 데이터 크기 및 종류, a : 예약 방의 이름
```

메모리 공간에 a라는 이름으로 int(정수)형 데이터를 저장할 공간을 예약한다. 이렇게 메모리 공간에 예약된 장소를 C 언어에서는 '변수'라고 한다. 예를 들어 메모리 공간에 정수(int)를 저장할 3개의 변수를 선언하라고 하면 아래와 같이 하면 된다.

```
int a;
int b;
int c;
```

C는 변수의 타입(형식)과 상수 값이 논리적으로 일치해야 하며, 일치하지 않는 경우는 아래와 같이 자동 조정된다. 특히 유의해야 하는 것은 C는 문장이 끝나면 꼭 끝났다는 표시로 ";"(세미콜론이라고 읽는다)을 사용해야 한다는 것이다. 특히 C에서 "="의 의미는 같다(equal)의 뜻이 아니고 복사(copy, save)하라는 의미로 사용됨에 유의해야 한다.

```
int a;
a=5.3;    ← a에는 5가 저장된다.

float b;
b=3;      ← b에는 3.0이 저장된다.
```

Item 05 화면에 문자열 출력하기

C에서 문자열을 출력하는 명령어는 printf( )가 있다. 문자열 중 특수한 기호("₩n", "₩t" 등)가 있는데 주로 사용되는 "₩n"은 화면의 커서의 위치를 다음 줄로 무조건 변경하라는 의미이다. 아래 예제는 화면에 문자열을 출력하는 코드이다.

```
printf("*₩n");
printf("**₩n");
printf("***₩n");
printf("****₩n");
printf("***₩n");
printf("**₩n");
printf("*₩n");

출력결과
*
**
***
```

```
****
***
**
*
```

Item 06 화면에 수치형 변수 출력하기

printf()를 통해서 수치형 자료를 출력하는 방법은 아래 예제 코드와 같다. 먼저 출력할 문자열을 만든다. 이 문자열에서 수치형 변수값에 저장되어 있는 내용을 출력해야 하는 부분을 만나면 int 형은 "%d"로 float 형은 "%f"로 문자열에 표시하고, 이후 출력할 변수를 명시하면 된다.

```
int a;

a=3;
printf(" 숫자는: a"); <=  " 숫자는 :    a"
printf(" 숫자는: %d",a); <= " 숫자는:    3"


float b;
b=3.14;

printf(" b:%f",b); <=" b:3.1400000"
```

Item 07 변수에 수치형 자료 입력 받기

특정 변수에 숫자를 입력받기 위해서는 'scanf()'라는 명령어를 사용한다. 먼저 입력받은 값을 저장할 변수를 선언하고 scanf() 명령어를 호출하는데, 입력받을 자료형을 문자열로 표기하고 입력받을 변수를 지정하면 된다. int 형을 입력받고자 하면 "%d"로, float 형을 입력받고자 하면 "%f"로 문자열을 표시하면 된다.

```
int a;
float b;

scanf("%d",&a);          //a를 입력 받음
scanf("%f",&b);          //b를 입력 받음
```

```
scanf("%a %f",&a,&b);  //a,b 두수를 입력 받음
```

여기서 특히 주의해야 하는 것은 입력받을 변수 앞에 있는 '&' 표시이다. '&'의 의미는 해당 변수가 존재하는 메모리 공간의 주소 값을 의미하는데, 여기에 대한 자세한 설명은 이후 포인터가 등장하는 Quest에서 상세하게 설명하겠다. 다만 scanf()는 입력받고 싶은 변수에 '&'를 붙여야 한다는 정도로 가볍게 알고 가자.

Item 08 사칙연산 및 형 변환

입력받은 데이터를 조작하는 대표적인 행동은 복사와 사칙연산(더하기, 빼기, 곱하기, 나누기)이다. C에서 두 변수의 사칙연산은 "+", "–", "*", "/"로 표시된다.

```
int a;
int b;
int c;

c=a + b;  //더하기
c=a - b;  //빼기
c=a * b;  //곱하기
c=a / b;  //나누기
```

두 수의 연산 결과는 두 수가 동일 자료형(모두 int이거나, 모두 float) 일 때는 같은 자료형으로 결과가 계산된다. 그러나 다른 데이터(한 쪽은 int 또 다른 한 쪽은 float)일 때는 계산 결과가 float 형으로 됨에 주의해야 한다. 보통 이런 규칙은 더하기, 빼기, 곱하기의 경우에는 우리가 사용하는 수학적 개념과 동일하지만, 나누기에서는 특별한 주의가 필요하다.

사람은 '정수/정수'를 소수로 계산하지만 우직한 C 언어는 이것을 소수로 계산하지 않고 정수로 계산하는 우를 범한다. 따라서 우리는 이러한 나누기 문제를 인식하고 소수로 계산하게 하는 방법을 꼭 알고 있어야 한다.

```
int a;
int b;
float c;
```

```
a=3;
b=2;
c=a/b;          ← c에서는 1이 저장됨
c=(float)a/b; ← c에서는 1.5가 저장됨(나누기는 특히 주의해야 한다.)
```

즉, 계산하기 전에 강제로 하나의 데이터를 float 형으로 변경시키면 소수형으로 계산되고, 그 결과를 소수형 변수에 담으면 된다. 이렇게 강제로 데이터 형을 변경 시키는 기법은 '타입캐스팅(형변환, type casting)'이라고 한다.

Item 09 if 문

C에서 논리적 표현 도구로 if 문을 사용한다. if 문의 사용 형식은 아래와 같다.

```
//유형 1 - 조건이 참일 때만 처리하기
if(조건문)
{
    //조건이 참인 경우 실행됨
}

//유형 2 - 조건이 참일 때와 거짓일 때 각각 처리하기
if(조건문)
{
    //조건문이 참인 경우 실행됨
}
else
{
    //조건문이 거짓인 경우 실행됨
}
```

조건문은 비교와 논리 연산이 있다. 조건문에 사용되는 표현은 아래와 같다.

```
a < b  : b가 a보다 크다
a > b  : a가 b보다 크다
a == b : a와 b가 같다
a != b  : a와 b가 다르다
a <= b : b가 a보다 크거나 같다
a >= b : b가 a보다 작거나 같다
```

a, b 두 개의 수 중에 큰 수를 출력하는 예는 아래와 같다.

```
int a;        //입력용
int b;        //입력용
int max;      //큰 수를 저장할 변수

printf("두 수를 입력 하세요:");
scanf("%d %d",&a,&b);

if( a< b)
{
   max=b;
}
else
{
   max=a;
}
printf("큰 수는 %d 입니다.₩n",max);
```

03 코딩공략

코딩공략에서는 각 단계별로 코딩하여야 하는 내용이 기술되어있다. 각각의 단계를 눈으로 만 코딩하는 것은 아무런 의미가 없다. 단계별로 제시된 내용을 이해한 후 자신의 의지로 코딩을 완성하고 확인 차원에서 제시된 예제 코드를 보아야 한다. 만약 이렇게 하지 않으면 이 책으로 공부하는 아무런 의미가 없을 것이다. 프로그래밍 공부에서 이해한 코드는 모르는 코드이며 손으로 직접 쳐본 코드만이 자신의 코드가 됨을 명심하라. 눈으로만 백번 코드를 보는 것보다 손으로 한번 쳐본 코드가 백배 효과가 있다. 또 이해한 것을 스스로 생각하며 코딩해보는 것이 가장 효과적이다. 따라서 아래에 제시된 코드는 해결의 한 예제 일뿐이며 개인적 생각에 따라 얼마든지 달라질 수 있다.

01 프로젝트를 유도하고 틀을 만든다.

```
#include <stdio.h>
#include <stdlib.h>

int main()
{
    return 0;
}
```

02 입력받을 변수를 2개 선언한다.

```
#include <stdio.h>
#include <stdlib.h>

int main()
{
    int a;
    int b;


    return 0;
}
```

03 사칙연산 결과를 저장할 변수를 선언한다. 또 큰 수를 저장할 변수를 선언한다.

```
#include <stdio.h>
#include <stdlib.h>

int main()
{
    int a;
    int b;

    int c;
    int d;
    int e;
    float f;
    int max;


    return 0;
}
```

04 두 개의 숫자를 입력받고 사칙연산을 실시하고 그 값을 저장한다. 큰 숫자도 구한다.

```
#include <stdio.h>
#include <stdlib.h>

int main()
{
    int a;
    int b;

    int c;
    int d;
    int e;
    float f;
    int max;

    printf("input 2 data:");
    scanf("%d %d",&a,&b);

    c=a+b;
    d=a-b;
    e=a*b;
    f=(float)a/b;
```

```
    if( b < a)
    {
        max=a;
    }
    else
    {
        max=b;
    }

    return 0;
}
```

05 사칙연산 결과를 출력한다.

```
#include <stdio.h>
#include <stdlib.h>

int main()
{
    int a;
    int b;

    int c;
    int d;
    int e;
    float f;

    printf("input 2 data:");
    scanf("%d %d",&a,&b);

    c=a+b;
    d=a-b;
    e=a*b;
    f=(float)a/b;

    if( b < a)
    {
        max=a;
    }
    else
    {
```

```
        max=b;
    }

    printf("%d + %d = %d₩n",a,b,c);
    printf("%d - %d = %d₩n",a,b,d);
    printf("%d * %d = %d₩n",a,b,e);
    printf("%d / %d = %.2f₩n",a,b,f);

    printf("max: %d₩n",max);

    return 0;
}
```

완성된 소스

```
#include <stdio.h>
#include <stdlib.h>

int main()
{
    int a;
    int b;

    int c;
    int d;
    int e;
    float f;
    int max;

    printf("input 2 data:");
    scanf("%d %d",&a,&b);

    c=a+b;
    d=a-b;
    e=a*b;
    f=(float)a/b;

    if( b < a)
    {
        max=a;
    }
```

```
    else
    {
        max=b;
    }

    printf("%d + %d = %d₩n",a,b,c);
    printf("%d - %d = %d₩n",a,b,d);
    printf("%d * %d = %d₩n",a,b,e);
    printf("%d / %d = %.2f₩n",a,b,f);
    printf("max: %d₩n",max);

    return 0;
}
```

04

내공쌓기

내공쌓기 단계에서는 앞에서 공부한 코딩공략을 아무런 도움 없이 제시된 단계에 따라 스스로 코딩을 완성할 수 있음을 확인하는 단계이다. 이 단계를 통과하지 못하면 다음 Quest로 진행하는 것은 아무런 의미가 없음을 거듭 강조한다.

1 프로젝트 q1을 새로 만든다.

2 입력받을 변수를 2개 선언한다.

3 사칙연산 결과를 저장할 변수를 선언한다.

4 두 개의 숫자를 입력받고 사칙연산을 실시하고 그 값을 저장한다.

5 사칙연산 결과를 출력한다.

M·E·M·O

Quest 02

성적처리

01 프롤로그

100명의 학생에 대한 국어 영어 수학 점수를 임의로 만들고, 각 학생의 총점 및 평균 점수를 출력하라. 또 가장 우수한 학생의 번호를 출력하라. 동점인 경우 번호가 빠른 사람이 우수한 것으로 한다.

```
C:\WINDOWS\system32\cmd.exe
0] 50   79   24   153   51.00
1] 74   98   48   220   73.33
2] 94   6    14   114   38.00
3] 69   76   91   236   78.67
4] 25   53   13   91    30.33
5] 67   87   30   184   61.33
6] 69   55   84   208   69.33
7] 8    37   8    53    17.67
8] 27   77   22   126   42.00
9] 29   80   64   173   57.67
max index:3
계속하려면 아무 키나 누르십시오 . . .
```

02 기초공략

Item 01 랜덤값 얻기

컴퓨터에서 사람으로부터 숫자를 입력받지 않고 임의의 수를 무작위로 공급 받는 방법이 필요하다. C에서는 'rand()'라고 하는 명령어가 이러한 일을 한다.

```
int a;
a=rand();
```

위의 코드를 실행하면 a에는 정수 범위에서 임의의 수가 생성된다. 그러나 rand()를 10회 부르면 매번 생성되는 임의의 수는 모두 동일한 순서를 가지고 있다.

즉, 첫 번째 프로그램을 시작하면서 만든 5개 임의의 수를 1, 3, 5, 7, 9라고 하면, 두 번째 프로그램을 시작하면서 만든 5개 임의의 수도 1, 3, 5, 7, 9이다. 이러한 이유는 C가 랜덤 숫자를 만드는 수학적 기준수(이 수를 우리는 랜덤시드라고 한다)가 동일하기 때문이다. 따라서 매 프로그램 실행 때마다 다른 패턴의 임의의 수를 얻고 싶다면 프로그램 실행 때마다 기준수를 변경해 주면 된다. C에서는 srand()라고 하는 명령어가 이러한 일을 한다.

```
srand(100); //기준수를 100으로 만듦
```

그럼 프로그램을 실행할 때마다 서로 다른 기준수를 제공해 주는 방법은 어떤 것이 있을까? 해답은 srand() 명령어가 호출될 때 마다 컴퓨터의 시간값을 가지고 와서 기준수로 쓰는 방법이 있다. C에서 현재 시스템의 시간값을 가지고 오는 명령어는 'time()'이 있다.

```
#include <time.h>    //이 함수를 실행하기 위해서는 이것을 포함시켜야 한다.

time(NULL) ;         //이 명령어가 실행되는 순간 컴퓨터의 시간(초 단위까지)을 1개의 숫자로 변경해
                       서 리턴해 준다.

srand(time(NULL));   //현재시간으로 랜덤값을 만듦
```

Item 02 특정 범위의 임의 숫자 만들기

연산자 '%'는 나머지 연산자로 어떤 수의 나머지 값을 구하는 산술 연산자이다.

```
int a=3;
int b=2;
int c;

c=a%b; //c에는 1이 들어감
```

어떤 숫자를 6으로 나누었을 때 나머지 값의 범위는 0~5가 된다. 따라서 0~10까지 임의의 숫자를 생성하는 방법은 11로 나누어서 나머지 값을 구하면 된다.

```
int a;
a=rand()%11;
```

Item 03 1차원 배열

10개의 정수(int) 데이터를 변수에 저장하기 위해서는 10개의 변수가 필요하다. 각 변수의 이름을 개별적으로 명명하여 선언하는 방법은 아래와 같다.

```
int a1;
int a2;
...
int a10;
```

위의 방법은 대량의 변수를 선언해야 하는 방법에서는 좀 곤란한 면이 있다. 이러한 문제를 해결하기 위해 대표 이름으로 변수를 선언하고 각각의 방번호(인덱스)로 변수에 접근하는 방법이 있다. 이렇게 선언된 변수를 C에서는 '배열변수'라고 부른다.

```
int a[10]; //대표 이름 a로 10개의 변수를 선언
```

배열변수에서 각각의 요소에 접근하기 위해서는 해당 인덱스(방번호)를 사용한다. 10개의 방을 선언했을 때 방번호는 0~9번까지라는 것에 특히 주의해야 한다. C는 모든 숫자의 시작을 0에서부터 시

작함을 기억해둘 필요가 있다.

```
int a[10];
int b;

a[0]=5;   //첫 번째 방에 5를 복사하라.
b=a[9];   //10번째 방의 값을 b에 복사하라.
a[10]=3;  //11번째 방에 접근하려고 하므로 에러
```

배열변수는 표기법의 편의를 위한 것이므로, int a[10]에서 변수 이름(a)이 1개뿐이라도 10개의 변수를 선언한 것과 같은 메모리가 필요하다.

Item 04 변수값 1 증가 및 감소

어떤 변수에 숫자를 1 증가시키거나 감소시키는 방법은 아래와 같이 다양하다. 각각의 방법은 모두 동일한 의미이며, 개인의 취향에 따라 선호하는 표현이 있을 수 있다. 다만 3가지의 서로 다른 표현이 모두 현재 값에서 1을 더하거나 감소시키라는 의미라는 것을 알고 있어야 한다.

```
int a;

//1더하기
a=a+1;     //전통적 방법
a++;       //간략화된 방법
a += 1 ;  //압축된 방법

//1 감소시키기
a=a-1;
a--;
a-=1;
```

Item 05 배열과 for 문

정수 10개를 저장할 수 있는 배열변수 a를 선언하고 여기에 0~100 까지 숫자 중 임의의 수를 넣으라고 하면 어떻게 할까?

```
int a[10];

a[0]=rand()%101;
a[1]=rand()%101;
...
a[9]=rand()%101;
```

만약 배열의 크기가 100개라고 하면 어떻게 할까? 위의 방법은 너무 피곤할 것이다. 즉, 어떤 일을 제한된 횟수만큼 반복하는 명령어가 필요하다. 이러한 명령어가 'for 문'이다. 예를 들어 "hello"를 10회 반복하는 코드는 아래와 같다.

```
int i;

for(i=0;i<10;i++)
{
   printf("hello₩n");
}
```

for 문의 실행 순서는 아래와 같다.

```
for(①;②;③)
{
   ④;
}

시작→①→②→(참)→④→③→②
           ②→(거짓)→종료
```

위의 문제로 돌아가 for 문을 이용하여 10개의 임의 수를 구하면 아래와 같다.

```
int i;
int a[10];

for(i=0;i<10;i++)
{
   a[i]=rand()%101;
}
//실행 시 이것은 아래와 같다.
i=0 ->  a[0]=rand()%101;
```

```
i=1 ->  a[1]=rand()%101;
...
i=9 ->  a[9]=rand()%101;
```

Item 06 배열을 사용하여 합과 평균 구하기

int 형 자료 100개를 저장할 배열변수를 선언하고 합을 구하는 코드는 아래와 같다. 이때 특히 변수는 처음 선언될 때 초기값이 메모리의 상태에 따라 무작위적이므로 꼭 프로그래머가 특정값으로 초기화하는 것을 잊지 말아야 한다.

```
int total;
int i;
int data[100];

for(i=0;i<100;i++) //0~100까지 임의의 수를 100개 발생시킴
{
   data[i]=rand()%101;
}

total=0; //변수 초기화
for(i=0;i<100;i++) //100번 반복하면서 배열에서 1개씩 꺼내서 total에 더해줌
{
   total =total + data[i];
}

printf("total:%d₩n",total); //출력하기
```

Item 07 배열을 사용하여 합과 평균 구하기

100개의 숫자 중 가장 큰 수를 구하는 방법은 아래와 같다. 원리는 배열의 처음 값이 가장 크다고 설정하고 순차적으로 각 방의 번호를 1씩 증가시키면서 각 방의 값이 현재의 저장된 최대값 보다 크면 새로운 값으로 최대값을 갱신(update)하면 된다. 이 과정이 다 끝난 후 남아 있는 값이 배열에 있는 값중 최대값이 된다. 최소값은 반대로 구하면 된다.

```
int i;
int data[100];
int max;

for(i=0;i<100;i++)
{
   data[i]=rand()%101;
}

max=data[0];
for(i=0;i<100;i++)
{
   if(max < data[i])
   {
      max=data[i];
   }
}
printf("최대값:%d₩n",max);
```

Item 08 자료 구조

100명의 학생들에 대한 국어, 영어, 수학 과목에 대한 성적을 처리하기 위해 변수를 어떻게 사용하는 것이 가장 효율적일까?

첫 번째 방법은 아래처럼 대표 변수(배열변수) 한 개로 해결하는 방법이 있다.

```
int data[100*3]; //처음부터 100개: 국어, 다음 100개: 영어, 마지막 100개: 수학 성적 처리
```

두 번째 방법은 각 과목마다 배열변수를 선언하여 사용하는 방법이 있다.

```
int kor[100];     //국어 성적
int eng[100];     //영어 성적
int math[100];    //수학 성적
```

어떤 방법이 더 좋다고는 할 수 없다. 다만 프로그래머의 취향에 많이 좌우 된다고 할 수 있다. 그러나 모든 사람이 이해하기 쉬운 변수 사용법(두 번째 방법)이 좀더 좋은 방법이 아닌가 한다. 왜냐하면 현대 프로그래밍은 자신의 코드(소스)를 내가 아닌 다른 사람이 보고 이해해야 하는 경우가 매우

많이 발생하기 때문이다.

Item 09 출력 형식 제어

특수 출력 문자는 줄 변경 (“₩n”)과 일정간격 띄우기(“₩t”) 등이 있다. 또 소수형 데이터의 소수 출력 자리를 제한하고 싶을 때는 아래와 같은 printf 문법을 사용한다.

```
float a;

a=3.141527....

printf("%f₩t %.2f₩n",a, a);   //%f기본 출력, %.2f 소수점 2자리까지만 출력
```

03 코딩공략

01 기본 틀을 만든다.

```
#include <stdio.h>
#include <stdlib.h>
#include <time.h>

int main( )
{

    return 0;
}
```

02 10명의 학생의 국어, 영어, 수학 점수를 저장한 배열변수를 선언한다.
총점 및 평균을 저장할 변수도 추가 선언한다.

```
#include <stdio.h>
#include <stdlib.h>
#include <time.h>

int main()
{
    int i;
    int maxindex;

    int kor[10];
    int eng[10];
    int math[10];

    int total[10];
    float avr[10];

}
```

03 국어, 영어 ,수학 점수를 임의로 생성한다.

```
#include <stdio.h>
#include <stdlib.h>
#include <time.h>

int main()
{
    int i;
    int maxindex;

    int kor[10];
    int eng[10];
    int math[10];

    int total[10];
    float avr[10];

    srand(time(NULL));

    for(i=0;i<10;i++)
    {
        kor[i]=rand()%101;
        eng[i]=rand()%101;
        math[i]=rand()%101;
    }



    return 0;
}
```

04 총점 및 평균을 계산한다.

```
#include <stdio.h>
#include <stdlib.h>
#include <time.h>

int main()
{
    int i;
    int maxindex;

    int kor[10];
```

```
    int eng[10];
    int math[10];

    int total[10];
    float avr[10];

    srand(time(NULL));

    for(i=0;i<10;i++)
    {
        kor[i]=rand()%101;
        eng[i]=rand()%101;
        math[i]=rand()%101;
    }

    for(i=0;i<10;i++)
    {
        total[i]=kor[i]+eng[i]+math[i];
        avr[i]=total[i]/3.0;
    }



    return 0;
}
```

05 성적이 가장 우수한 사람을 찾는다.

```
#include <stdio.h>
#include <stdlib.h>
#include <time.h>

int main()
{
    int i;
    int maxindex;

    int kor[10];
    int eng[10];
    int math[10];

    int total[10];
    float avr[10];
```

```
    srand(time(NULL));

    for(i=0;i<10;i++)
    {
        kor[i]=rand()%101;
        eng[i]=rand()%101;
        math[i]=rand()%101;
    }

    for(i=0;i<10;i++)
    {
        total[i]=kor[i]+eng[i]+math[i];
        avr[i]=total[i]/3.0;
    }

    maxindex=0;
    for(i=0;i<10;i++)
    {
        if(total[maxindex] < total[i])
        {
            maxindex=i;
        }
    }


    return 0;
}
```

06 출력한다.

```
#include <stdio.h>
#include <stdlib.h>
#include <time.h>

int main()
{
    int i;

    int kor[10];
    int eng[10];
    int math[10];
```

```
    int total[10];
    float avr[10];

    srand(time(NULL));

    for(i=0;i<10;i++)
    {
        kor[i]=rand()%101;
        eng[i]=rand()%101;
        math[i]=rand()%101;
    }

    for(i=0;i<10;i++)
    {
        total[i]=kor[i]+eng[i]+math[i];
        avr[i]=total[i]/3.0;
    }
    maxindex=0;
    for(i=0;i<10;i++)
    {
        if(total[maxindex] < total[i])
        {
            maxindex=i;
        }
    }


    for(i=0;i<10;i++)
    {
        printf("%d] %d₩t %d₩t %d₩t %d₩t %.2f₩n",i,kor[i],eng[i],math[i],total[i],avr[i]);
    }
    printf("max index:%d₩n",maxindex);

    return 0;
}
```

완성된 소스

```
#include <stdio.h>
#include <stdlib.h>
#include <time.h>

int main()
```

```
{
    int i;
    int maxindex;

    int kor[10];
    int eng[10];
    int math[10];

    int total[10];
    float avr[10];

    srand(time(NULL));

    for(i=0;i<10;i++)
    {
        kor[i]=rand()%101;
        eng[i]=rand()%101;
        math[i]=rand()%101;
    }

    for(i=0;i<10;i++)
    {
        total[i]=kor[i]+eng[i]+math[i];
        avr[i]=total[i]/3.0;
    }

    maxindex=0;
    for(i=0;i<10;i++)
    {
        if(total[maxindex] < total[i])
        {
            maxindex=i;
        }
    }


    for(i=0;i<10;i++)
    {
        printf("%d] %d₩t %d₩t %d₩t %d₩t %.2f₩n",i,kor[i],eng[i],math[i],total[i],avr[i]);
    }
    printf("max index:%d₩n",maxindex);

    return 0;
}
```

04

내공쌓기

1 기본 틀을 만든다.

2 100명의 학생의 국어, 영어, 수학 점수를 저장한 배열변수를 선언한다.
총점 및 평균을 저장할 변수도 추가 선언한다.

3 국어, 영어, 수학 점수를 임의로 생성한다.

4 총점 및 평균을 계산한다.

5 가장 우수한 사람을 찾는다.

6 출력한다.

Quest 03

로또

01

프롤로그

1~46까지 정수 중 중복 없이 6개의 임의의 수를 출력하라.

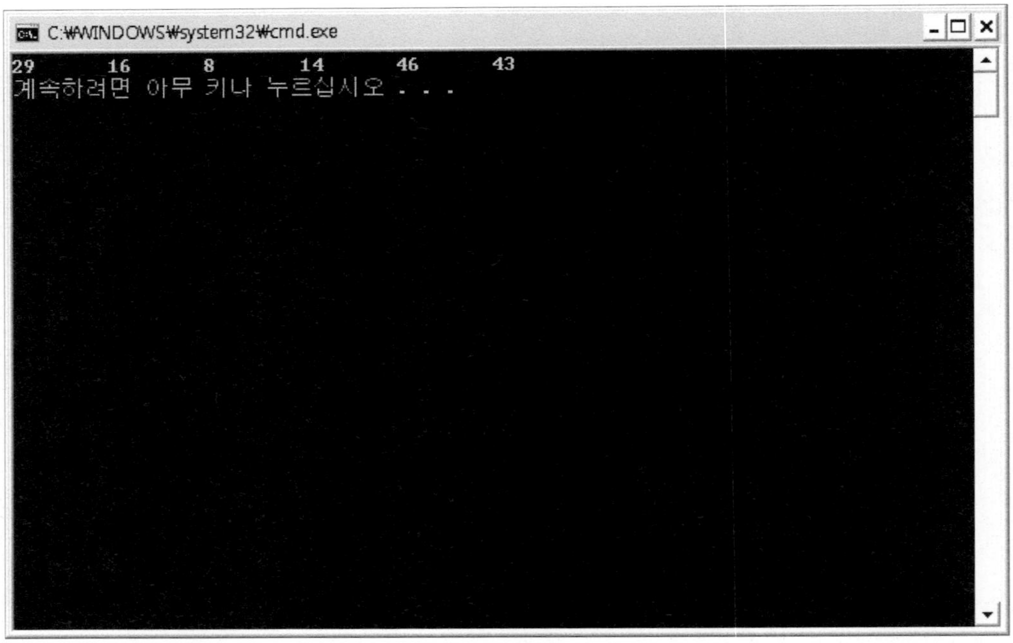

02 기초공략

Item 01 일정 범위가 있는 임의의 정수 생성하기

보통 rand()%11 이라고 하면 0~10까지의 임의의 수를 생성하게 된다. 그럼 5~10까지의 임의의 수를 발생시키는 방법은 무엇일까?

방법은 간단하다. 0~5까지의 임의수를 발생 시킨 후 각각 5를 더하면 된다.

```
int a;

a= rand()%6 + 5; //0 ~ 5   + 5 => 5 ~ 10
```

Item 02 for 문의 break

일반적으로 C에서 제한된 횟수를 반복하는 문장은 for 문을 사용한다. for 문에는 루프변수(횟수변수)라는 것을 지정하고 보통 i를 많이 사용한다. 아래의 예는 i=0에서 i=9까지 모두 10회 본문을 실행 한다. 각각의 i에 대하여 본문이 실행된 후 i++이라는 문장을 실행하여 i값을 1씩 증가시키게 된다.

```
int i; //루프 변수

for(i=0;i<10;i++)
{
    //(본문)여기를 10회 반복 i가 0~9 까지
}
```

만약 for 문이 실행되는 동안 for 문의 본문에서 루프변수인 i 값을 아래 예제와 같이 1 감소시키면 어떻게 될까?

```
for(i=0;i<10;i++)
{
    //본문
    i--;
}
```

대답은 다음과 같다. i=0일 때, 본문을 실행 한 후 i--가 실행되어서 영원히 i=0이 되어 본문을 무한이 반복하는 무한 루프가 된다.

아래 코드는 for의 본문이 실행되는 중 i=3일 때 'break'라는 명령어가 실행되고 있다. break를 만나면 남아 있는 반복 조건을 무시하고 무조건 for 문을 종료하게 된다. 따라서 총 실행되는 횟수는 4회가 된다.

```
for(i=0;i<10;i++)
{
         ...
        if(3==i)
        {
           break;
        }
         ...
}
```

Item 03 2중 for 문

어떤 특정 조건에서 n번의 반복적인 작업을 시행하고 이것을 다시 m회 실시하라는 요구가 있으면 어떻게 할까? 전체 반복횟수는 n x m회가 된다. 이러한 문제는 for 문을 2중으로 사용함으로써 해결할 수 있다.

```
int i;
int j;

for(i=0;i<5;i++) //총 5회
{
    for(j=0;j<10;j++) //총 10회
    {
        //여기가 총 5 x 10 = 50회 호출된다.
```

```
    }
}
```

위 문장은 i=0일 때, j가 0~9까지 10회 시행하고 이것을 i=4일 때 까지 모두 i(5회) x j(10회) = 50회의 반복된 작업을 시행하는 코드이다.

2중 for 문의 사용 시 주의해야 하는 것은 반복 변수 사용인데 바깥쪽에 있는 for 문에서는 i를 반복 변수를 사용했으며, 안쪽에서는 i와는 다른 j를 반복 변수로 사용하였다.

```
int i;
int j;

for(i=0;i<5;i++)
{
    for(j=0;j<10;j++)
    {
        //본문

        if(3==j)
        {
            break;
        }
    }
}
```

위의 코드에서 본문은 i가 0~4 까지 j가 0~3까지만 총 5 x 4회 시행된다. 특히 j는 문장 실행 중에 break가 있어 j가 4~9의 범위에서는 사실상 본문이 수행되지 않는다.

Item 04 중복 없이 임의의 수 생성하기

아래 코드는 data라는 변수에 0~19 사이의 숫자 중 10개의 숫자를 생성하는 예제이다. data에는 임의의 숫자가 들어가는데, 중복된 숫자가 들어갈 가능성이 높다.

```
int i;
int data[10];

for(i=0;i<10;i++)
```

```
{
   data[i]=rand()%20;
}
```

중복된 숫자가 들어가지 않게 하기 위한 방법은 어떤 방법이 있을까? 방법은 간단하다. 다음번 숫자의 후보를 만든 후 지금까지 만들어진 숫자 중에 동일한 것이 있는지 살펴보고 없으면 이 숫자를 사용하고, 있으면 새로운 숫자를 만들어 앞의 과정을 반복하면 된다. 아래 코드는 이러한 논리(로직)를 구현한 예이다.

```
int i;
int j;
int data[10];

for(i=0;i<10;i++)
{
   data[i]=rand()%20;
   for(j=0;j<i;j++)
   {
      if(data[i] == data[j])
      {
         i--; //반복 횟수를 다시 감소시킴
         break;
      }
   }
}
```

03 코딩공략

01 lotto라는 이름으로 프로젝트를 생성한다.

```
#include <stdio.h>
#include <stdlib.h>
#include <time.h>

int main()
{
    return 0;
}
```

02 필요한 변수를 선언하고 초기화한다.

```
#include <stdio.h>
#include <stdlib.h>
#include <time.h>

int main()
{
    //변수 선언
    int i;
    int j;
    int data[6];

    //초기화
    srand(time(NULL));

    return 0;
}
```

03 1~46까지 중복 없이 6개의 숫자를 생성한다.

```
#include <stdio.h>
#include <stdlib.h>
#include <time.h>

int main()
{
    //변수 선언
    int i;
    int j;
    int data[6];

    //초기화
    srand(time(NULL));

    //숫자 만들기
    for(i=0;i<6;i++)
    {
        data[i]=rand()%45 + 1;
        for(j=0;j<i;j++)
        {
            if(data[i]==data[j])
            {
                i--;
                break;
            }
        }
    }

    return 0;

}
```

04 생성된 숫자를 출력한다.

```
#include <stdio.h>
#include <stdlib.h>
#include <time.h>

int main()
{
    //변수 선언
```

```
    int i;
    int j;
    int data[6];

    //초기화
    srand(time(NULL));

    //숫자 만들기
    for(i=0;i<6;i++)
    {
        data[i]=rand()%45 + 1;
        for(j=0;j<i;j++)
        {
            if(data[i]==data[j])
            {
                i--;
                break;
            }
        }
    }

    //만든 숫자 출력하기
    for(i=0;i<6;i++)
    {
        printf("%d₩t",data[i]);
    }
    printf("₩n");

    return 0;
}
```

완성된 소스

```
#include <stdio.h>
#include <stdlib.h>
#include <time.h>

int main()
{
    //변수 선언
    int i;
```

```
    int j;
    int data[6];

    //초기화
    srand(time(NULL));

    //숫자 만들기
    for(i=0;i<6;i++)
    {
        data[i]=rand()%45 + 1;
        for(j=0;j<i;j++)
        {
            if(data[i]==data[j])
            {
                i--;
                break;
            }
        }
    }

    //만든 숫자 출력하기
    for(i=0;i<6;i++)
    {
        printf("%d₩t",data[i]);
    }
    printf("₩n");

    return 0;
}
```

04 내공쌓기

1. lotto라는 이름으로 프로젝트를 생성한다.

2. 필요한 변수를 선언하고 초기화한다.

3. 1~46까지 6개의 숫자를 중복 없이 생성한다.

4. 생성된 숫자를 출력한다.

M·E·M·O

Quest

04

구조적 프로그래밍

01 프롤로그

앞선 Quest에서 만들었던 계산기, 성적처리, 로또를 구조적 프로그래밍 기법을 이용하여 각각 완성하라.

```
C:\WINDOWS\system32\cmd.exe
input 2 data:3 2
3 + 2 = 5
3 - 2 = 1
3 * 2 = 6
3 / 2 = 1.50
계속하려면 아무 키나 누르십시오 . . .
```

```
C:\WINDOWS\system32\cmd.exe
0] 27    7       64      98      32.67
1] 30    96      4       130     43.33
2] 75    61      51      187     62.33
3] 55    25      69      149     49.67
4] 96    69      65      230     76.67
5] 7     54      26      87      29.00
6] 71    33      90      194     64.67
7] 39    11      81      131     43.67
8] 29    89      6       124     41.33
9] 68    12      77      157     52.33
max index: 4
계속하려면 아무 키나 누르십시오 . . .
```

```
C:\WINDOWS\system32\cmd.exe
24      1       30      5       11      28
계속하려면 아무 키나 누르십시오 . . .
```

02 기초공략

Item 01 구조적 프로그래밍

우리는 지금까지 main()이라는 함수 내에서 모든 코드를 기술하였다. 그러나 이러한 방법은 코드의 내용이 길어지면 기능을 확장하거나 이해하는데 많은 어려움이 필연적으로 따르게 된다. 이러한 문제를 해결하기 위해 기능을 부분 부분 나누는 기법이 개발되게 되었다. 이렇게 기능을 작게 나누어 부품처럼 사용하는 기법을 '구조적 프로그래밍 기법(structured programming)'이라고 하고, 이러한 기능적 부분을 우리는 '함수(function)'라고 부른다. 사실 우리가 지금까지 사용한 printf()나 rand() 명령어도 모두 함수인 것이다.

즉, 구조적 프로그래밍이란 각각의 기능을 함수라는 부품으로 나누어 놓고 필요한 부품(함수)을 합쳐서 기능을 완성하는 프로그래밍 기법을 의미한다. 이렇게 기능을 작은 함수로 분리하면 프로그램을 이해하기 쉬우며 변경하기가 쉬워진다.

Item 02 main() 함수

C로 만든 프로그램을 빌딩한 후 실행하면 운영체제는 int main()이라고 명명된 함수를 처음으로 실행하게 된다. 그리고 이 함수가 종료되면 프로그램도 종료되게 된다. 따라서 모든 C로 만든 프로그램은 int main()이라는 함수를 무조건 기본적으로 가지고 있게 된다.

main() 함수는 꼭 함수 이름이 main이어야 한다.

```
int main()
{
    return 0;
}
```

여기서 int 부분은 이 함수가 마지막으로 자신을 호출한 함수에 돌려주는 값의 타입을 의미한다.

main은 함수의 이름을 의미한다. int main()에서 int는 함수를 호출한 함수에게 함수를 끝낼 때 int 값을 돌려준다. return 0;에서 0이라는 int 값을 자신 즉, main을 호출한 곳에 돌려준 경우이다. 특히 main 함수는 운영체제가 호출한 경우 이므로 운영체제에게 프로그램을 종료하면서 0 값을 돌려주게 되는 것이다.

main() 함수는 여러 형식이 있지만 당분간 'int main(){ .. return 0; }' 유형만을 사용할 것이다.

Item 03 함수 선언과 호출

printf()나 rand() 같은 함수는 이미 C 언어에서 제공되며, C 언어에서 제공되지 않는 함수는 프로그래머가 직접 만들어서 사용해야 한다. C에서 사용자 정의 함수를 사용하려면 먼저 사용자 정의 함수를 사용하기 전에 사용자 정의 함수를 선언해야 한다. 사용자 정의 함수는 아래와 같은 형식으로 선언한다.

```
...
리턴타입 함수이름(함수인자들)
{
    리턴 타입에 따른 리턴값
}
```

아래 예제는 add()라는 함수(부품)를 선언해 놓고 main() 함수에서 add() 함수를 사용하는 예제이다. main()에서는 add() 함수를 호출하면서 인자값으로 a, b의 값을 전달해 주고 add() 함수가 실행되면서 main()에서 전달받은 a, b 값을 이용하여 그 결과를 더한 후 자신을 종료하면서 더한 값을 main()에 리턴한다. 이 값을 main() 함수에서 다시 받아 사용하게 된다.

```
int add(int a,int b)
{
    return a+b;
}
int main()
{
    int a;
    int b;
    int c;

    a=3;
    b=2;
```

```
    c=add(a,b);

    return 0;
}
```

Item 04 함수의 선언 위치

함수는 자신을 호출하는 함수보다 물리적으로 항상 앞쪽에 나와야 한다. 만약 그렇지 않으면 빌딩 시에 에러가 발생해서 완성된 프로그램이 생성되지 않는다. 그 이유는 컴파일 시 컴파일러가 순차적으로 소스 코드를 해석하기 때문에 미리 정의가 되어있지 않은 함수 부품은 이해하지 못하기 때문에 생기는 것이다.

add() 함수는 main() 함수에서 호출하기 전에 그 선언이 앞서 있다.

```
int add(int a,int b)
{
    return a+b;
}
...
int main()
{
    ...
    c=add(a,b); //ok ->위쪽에 이미 add( ) 함수에 대한 정보가 나왔기 때문
}
```

아래의 예는 add() 함수의 선언이 main() 함수보다 이후에 나오고 있어서 main() 함수에서 add() 함수를 호출하면 빌딩 시 에러가 발생한다.

```
int main()
{
    ...
    c=add(a,b); //error ->add( ) 함수에 대한 정보가 지금까지는 없기 때문
}
...
int add(int a,int b)
{
    return a+b;
}
```

호출당하는 함수의 본체가 호출하는 함수의 본체보다 이후에 선언되어 있어도 빌딩 시 에러가 없도록 하는 방법은 호출하는 함수 이전에 호출당하는 함수의 형태(원형, prototype)를 미리 선언해 주면 문제가 해결된다. 함수의 원형을 선언하는 방법은 아래와 같이 함수 이름과 인자를 선언한 후 ";"으로 마무리 하면 된다.

```
...
리턴타입 함수이름(함수인자들);
```

아래 예는 add() 함수의 본체 선언은 main() 함수보다 아래쪽에 있지만 main() 함수 이전에 add() 함수의 원형(prototype)이 선언되어 있는 경우인데 이 경우에는 빌딩 시 정상적으로 빌딩이 진행된다.

```
int add(int a,int b); //add() 함수의 프로토타입이라고 함.
...
int main()
{
    ...
    c=add(a,b); //ok => add() 함수에 대한 정보(프로토 타입)가 이미 나왔기 때문
}
...
int add(int a,int b) //add() 함수의 본체라고 이야기 함.
{
    return a+b;
}
```

함수를 선언하는 방법은 본체만 선언하는 방법과 프로토타입과 본체를 각각 선언하는 방법이 있다. 어떤 방법이 더 좋은가의 문제는 사용하는 사람의 취향에 따라 달렸다고 할 수 있다. 실전에서는 두 가지 방법이 적절하게 혼합되어서 사용되는 경향이 있다. 우리는 당분간 함수의 원형 선언 없이 함수를 호출하기 전에 꼭 호출당하는 함수의 본체를 미리 선언하는 방법을 사용할 것이다.

Item 05 void 자료형

함수를 선언할 때 그 리턴값이 필요 없는 경우가 있다. 이러한 리턴값을 우리는 'void 형'이라고 부른다. 리턴값이 void 형인 경우 함수를 종료하고 싶으면 "return;"만 호출하면 된다. 또 함수의 마지막에서는 "return;"을 생략할 수 있다.

```
void My(int a)
{
    ...
    if( 0 == a)
    {
        return;
    }
    ...

}

void Test(int a)
{
    ...


    return;  //or return을 생략
}
```

함수의 인자는 0개에서 여러 개까지 사용하는 것이 가능하다. 이때 함수의 인자가 여러 개 있는 경우 ","로 인자를 구분하며 그 순서가 호출할 때 값을 전달하는 순서임이 아주 중요하다. 만약 함수의 인자가 없는 경우에는 인자란에 void를 쓰거나(old 스타일) 공란으로 비워두면 된다.

```
int test() //or  int test(void)
```

Item 06 함수 호출 시 생성되는 변수의 메모리 구조

어떤 함수가 실행될 때 운영체제는 해당 함수에게 메모리 공간을 할당해 준다. 이 메모리 공간에는 해당 함수가 사용하는 변수들이 생성되게 된다. 처음 공간을 할당 받은 변수에는 다양한 초기 값이 임의로 들어가게 된다는 것을 잘 알고 있어야 한다. 자신이 선언한 변수에 변수값을 초기화해서 사용해야 하는지, 그냥 사용해도 되는지 프로그램의 내용에 달려 있다. 한 개의 변수가 메모리 공간을 사용할 때 그 변수에는 2개의 값이 존재하게 된다. 첫째는 그 변수가 저장하고 있는 '값(value)'이고, 두 번째는 그 변수가 메모리 공간에 위치하고 있는 곳의 '주소(address)'이다. 우리는 흔히 이 주소값을 '포인터(pointer)'라는 용어로 부른다.

아래는 변수 a를 선언하고 a의 값과, 주소값을 화면에 찍는 예제 이다. 특히 변수의 주소값을 찍을 때는 "&"를 변수 앞에 추가함에 유의하자.

```
int a;

a=3;

printf(" 값:%d   주소:%d  ₩n",a,&a);
```

Item 07 함수 인자(파라미터) 전달(Call by Value)

```
int add(int a,int b)
{
   int c;

   c=a+b;
   return c;
}
int main()
{
   int a;
   int b;
   int c;

   a=3;
   b=5;
   c=add(a,b);

   ...
}
```

위의 프로그램을 실행할 때 메모리의 내용을 그려보면 아래와 같다.

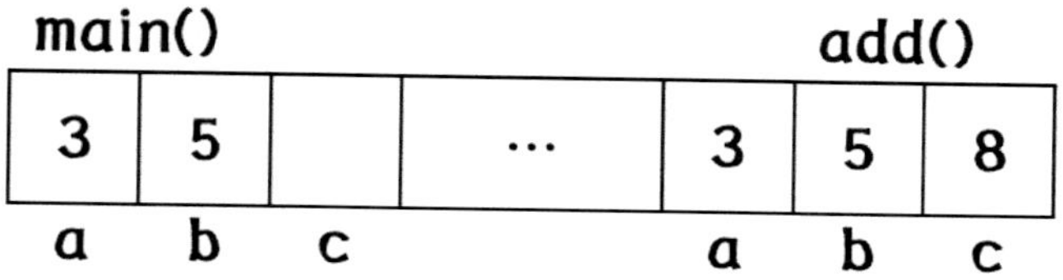


```
main()
{
   int a;
   int b;
   int c;

   c=add(a,b);
}
```

```
int add(int a, int b)
{
   int c = a+b;

   return c;
}
```

그림에서 보듯이 main( ) 함수에 있는 변수 a, b, c와 add( ) 함수에 있는 a, b, c는 우연히 이름이 같았을 뿐 서로 다른 a, b, c 임을 알아야 한다. 따라서 add( ) 함수에서 a, b, c의 값의 변경은 main( ) 함수의 변수 a, b, c와 무관하다. 다만 main( ) 함수에서 add(a,b)를 호출할 때 main( ) 함수의 변수 a, b의 값이 add( ) 함수의 변수 a, b로 복사됨은 특히 유의해야 한다. 이렇게 add( ) 함수에 변수의 값을 복사하는 인수전달 방법을 기술적으로는 'call by value'라고 부른다.

main( ) 함수에서 add( ) 함수를 부르는 순간 동적으로 운영체제가 add( )에 필요한 변수를 메모리 공간에 할당하게 된다. 그리고 add( ) 함수가 끝나고 return 될 때는 add( ) 함수를 위해 할당되었던 모든 변수 a, b, c가 메모리 공간에서 지워지므로 add( ) 함수의 a, b, c는 이후 어디에서도 사용할 수 없는 변수임을 명심하자.

Item 08 배열을 함수인자로 전달하기

아래의 예제는 배열을 함수의 인자(파라미터)로 전달한 경우이다 프로그램이 실행되었을 때, 메모리에서 변수 구조와 값은 어떻게 될까?

```
void test(int data[5])
{
   int i;

   for(i=0;i<5;i++)
   {
      data[i]=data[i]*2;
   }
}
```

```
int main()
{
    int i;
    int my[5]={1,2,3,4,5};

    test(my);

    for(i=0;i<5;i++)
    {
        printf("%d->%d₩n",i,my[i]);
    }
}
```

위의 test( ) 함수는 main( ) 함수로부터 배열(my)을 넘겨받아 각각의 값을 2배하여 다시 돌려주는 함수이다. 배열의 인자는 아래 그림처럼 별도의 추가적 배열을 만들고 그 값을 복사 받는 것이 아니고 배열의 주소(링크)를 넘겨받아 test( ) 함수에서 인자값을 조작하면 main( ) 함수에 있는 값이 변경되게 된다. 이러한 인자 전달 방법(주소 전달)을 'call by reference'라고 부른다. C 언어에서 배열은 기본적으로 call by reference 즉, 주소(링크,포인터)를 전달하고 있음을 꼭 기억해야 한다.

유의해야하는 것은 test(my)와 test(my[0])은 다른 의미라는 것이다. 전자는 배열변수 my의 처음 시작점의 주소값을 넘기는 것이고, 후자는 배열변수 my의 첫 번째 영역의 저장값을 넘기는 것이다.

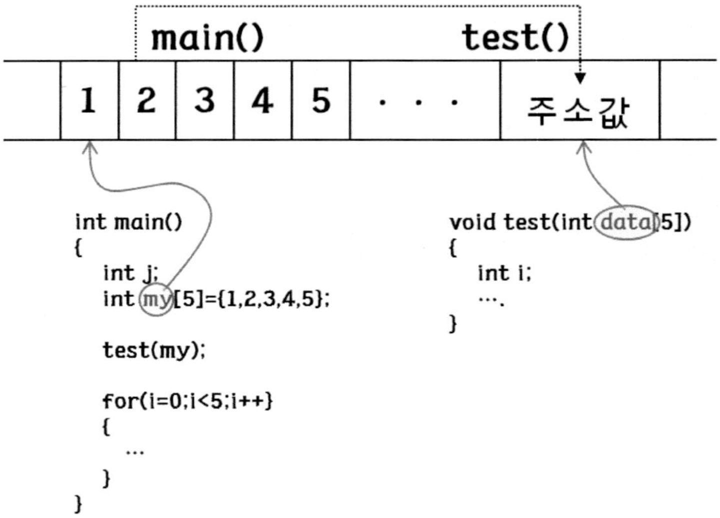

Item 09 단일변수의 주소값을 함수 인자로 넘기기

```
void test(int a,int* b)
{
    ...
}
int main()
{
    int a;
    int b;

    ...
    test(a,&b);
    ...
}
```

위의 함수에서 인자변수 a는 값을 넘겨받고, 변수 b는 주소값을 넘겨받는다. 이때 b의 주소값이 가리키는 곳을 따라가 보면 int 형 변수의 주소 값이라는 것을 알게 된다. 참고로 'int* b'는 'int 형 주소 변수 b'라고 읽는다.

다시 한 번 강조하지만 변수의 이름을 넘겨주면 해당 변수에 저장되어 있는 값을 넘겨주는 것이고 "&변수이름"은 해당 변수의 주소값을 넘겨줌을 꼭 기억해야 한다.

Item 10 주소 변수의 값을 사용하기

```
int test(int* a)
{
    ...
}
```

위의 함수인자 a는 int 형 변수의 주소값(int 형 포인터)이다. 그럼 이 값을 조작하는 방법은 어떨까?

a=a+1;이라고 하면 a 변수에 저장되어 있는 값 어딘가에 있는 변수의 주소값에 1을 더하여 주소를 1 증가시키라는 의미가 된다. 이것을 아무런 의미가 없는 문장이며 이렇게 사용되는 경우는 아주 특별한 경우이다.

*a=40;이라고 하면 어디엔가 저장되어 있는 a의 저장 장소에 40을 저장하라는 의미이다.

*a는 원본의 값을 의미하며, a는 원본 변수의 주소값임을 잊지 말자.

```
void test(int* a)
{
    a=3;     //a값(주소값)을 3으로 변경하라.(의미가 없음)
    *a=40;  //a가 가리키는 곳으로 가 40값을 넣어라.
        ...
}
```

Item 11 scanf의 함수인자

scanf("%d %d",&a,&b)처럼 scanf() 함수는 입력받을 숫자를 저장할 곳의 주소값을 함수 인자로 주어야 한다. 따라서 나타나는 코드 형태는 다양하다고 할 수 있다.

```
void test(int* a,int* b)
{
    scanf("%d %d",a,b); //a,b 값 자체가 주소이기 때문에 그대로 전달하면 된다.
}
int main()
{
    int a;
    int b;

    scanf("%d %d",&a,&b); //a,b 의 주소는 각각 &a,&b 로 표기 된다.
    test(&a, &b)
    return 0;
}
```

Item 12 함수의 다중 호출

호출된 함수가 또 다른 함수를 호출하는 것이 가능하다. 이렇게 2중 3중 호출이 가능한데, 깊이가 깊어질수록 프로그램을 이해하는 것이 어려워질 수 있다. 그래서 너무 층이 작아도 문제지만 층이 너무 깊은 것도 문제이다. 가장 적절한 층의 깊이는 개인의 취향과 만들고 있는 프로그램의 내용에 따라 다르다.

```
void test2()
{
}
void test1()
{
    ...
    test2();
}
int main()
{
    ...
    test1();
    ...
}
```

03 코딩공략

미션 01 계산기 함수 버전

01 기본 틀을 만든다.

```
#include <stdio.h>
#include <stdlib.h>

int main()
{
    return 0;
}
```

02 main()에 필요한 변수를 선언한다.

```
#include <stdio.h>
#include <stdlib.h>
int main()
{
    int a;
    int b;

    int c;
    int d;
    int e;
    float f;

    return 0;
}
```

03 두개의 숫자를 입력받는 함수를 만든다.

```
#include <stdio.h>
#include <stdlib.h>

void InputData(int* a,int* b)
{
    printf("input 2 data:");
    scanf("%d %d",a,b);
}

int main()
{
    int a;
    int b;

    int c;
    int d;
    int e;
    float f;

    InputData(&a,&b);

    return 0;
}
```

04 계산 함수를 만든다.

```
#include <stdio.h>
#include <stdlib.h>

void InputData(int* a,int* b)
{
    printf("input 2 data:");
    scanf("%d %d",a,b);
}
void CalData(int a,int b,int* c,int* d,int* e,float* f)
{
    *c=a+b;
    *d=a-b;
    *e=a*b;
    *f=(float)a/b;
```

```
}
int main()
{
    int a;
    int b;

    int c;
    int d;
    int e;
    float f;

    InputData(&a,&b);

    CalData(a,b,&c,&d,&e,&f);


    return 0;
}
```

05 출력 함수를 만든다.

```
#include <stdio.h>
#include <stdlib.h>

void InputData(int* a,int* b)
{
    printf("input 2 data:");
    scanf("%d %d",a,b);
}
void CalData(int a,int b,int* c,int* d,int* e,float* f)
{
    *c=a+b;
    *d=a-b;
    *e=a*b;
    *f=(float)a/b;


}
void PrintData(int a,int b,int c,int d,int e,float f)
{
    printf("%d + %d = %d₩n",a,b,c);
```

```
    printf("%d - %d = %d\n",a,b,d);
    printf("%d * %d = %d\n",a,b,e);
    printf("%d / %d = %.2f\n",a,b,f);
}
int main()
{
    int a;
    int b;

    int c;
    int d;
    int e;
    float f;

    InputData(&a,&b);

    CalData(a,b,&c,&d,&e,&f);

    PrintData(a,b,c,d,e,f);

    return 0;
}
```

완성된 소스

```
#include <stdio.h>
#include <stdlib.h>

void InputData(int* a,int* b)
{
    printf("input 2 data:");
    scanf("%d %d",a,b);
}
void CalData(int a,int b,int* c,int* d,int* e,float* f)
{
    *c=a+b;
    *d=a-b;
    *e=a*b;
    *f=(float)a/b;
```

```
}
void PrintData(int a,int b,int c,int d,int e,float f)
{
    printf("%d + %d = %d₩n",a,b,c);
    printf("%d - %d = %d₩n",a,b,d);
    printf("%d * %d = %d₩n",a,b,e);
    printf("%d / %d = %.2f₩n",a,b,f);
}
int main()
{
    int a;
    int b;

    int c;
    int d;
    int e;
    float f;

    InputData(&a,&b);

    CalData(a,b,&c,&d,&e,&f);

    PrintData(a,b,c,d,e,f);


    return 0;
}
```

미션 02 성적처리 함수 버전

01 기본 틀을 만든다.

```
#include <stdio.h>
#include <stdlib.h>
#include <time.h>

int main( )
{
    return 0;
}
```

02 변수를 선언한다.

```
#include <stdio.h>
#include <stdlib.h>
#include <time.h>
int main()
{
    int maxindex;

    int kor[10];
    int eng[10];
    int math[10];

    int total[10];
    float avr[10];

    return 0;
}
```

03 초기화 및 각 과목에 임의의 점수를 받는 함수를 만든다.

```
#include <stdio.h>
#include <stdlib.h>
#include <time.h>

void Ini(int kor[10],int eng[10],int math[10])
{
    int i;
```

```
    srand(time(NULL));

    for(i=0;i<10;i++)
    {
        kor[i]=rand()%101;
        eng[i]=rand()%101;
        math[i]=rand()%101;
    }
}
int main()
{
    int i;

    int kor[10];
    int eng[10];
    int math[10];

    int total[10];
    float avr[10];

    Ini(kor,eng,math);

    return 0;
}
```

04 합계와 평균을 구하는 함수를 만든다.

```
#include <stdio.h>
#include <stdlib.h>
#include <time.h>

void Ini(int kor[10],int eng[10],int math[10])
{
    int i;

    srand(time(NULL));

    for(i=0;i<10;i++)
    {
        kor[i]=rand()%101;
        eng[i]=rand()%101;
        math[i]=rand()%101;
```

```
    }
}
void MakeTotalAvr(int kor[10],int eng[10],int math[10],int total[10],float avr[10])
{
    int i;

    for(i=0;i<10;i++)
    {
        total[i]=kor[i]+eng[i]+math[i];
        avr[i]=total[i]/3.0;
    }

}
int main()
{
    int i;

    int kor[10];
    int eng[10];
    int math[10];

    int total[10];
    float avr[10];

    Ini(kor,eng,math);

    MakeTotalAvr(kor,eng,math,total,avr);

    return 0;
}
```

05 1등한 학생의 인덱스를 구한다.

```
#include <stdio.h>
#include <stdlib.h>
#include <time.h>

void Ini(int kor[10],int eng[10],int math[10])
{
    int i;

    srand(time(NULL));
```

```
    for(i=0;i<10;i++)
    {
        kor[i]=rand()%101;
        eng[i]=rand()%101;
        math[i]=rand()%101;
    }
}
void MakeTotalAvr(int kor[10],int eng[10],int math[10],int total[10],float avr[10])
{
    int i;

    for(i=0;i<10;i++)
    {
        total[i]=kor[i]+eng[i]+math[i];
        avr[i]=total[i]/3.0;
    }

}

void MakeMaxIndex(int total[10],int* maxindex)
{
    int i;

    *maxindex=0;
    for(i=0;i<10;i++)
    {
        if(total[*maxindex] < total[i])
        {
            *maxindex=i;
        }
    }
}

int main()
{
    int maxindex;

    int kor[10];
    int eng[10];
    int math[10];

    int total[10];
    float avr[10];
```

```
    Ini(kor,eng,math);

    MakeTotalAvr(kor,eng,math,total,avr);

    MakeMaxIndex(total,&maxindex);

    return 0;
}
```

06 학생의 성적을 출력하는 함수를 만든다.

```
#include <stdio.h>
#include <stdlib.h>
#include <time.h>

void Ini(int kor[10],int eng[10],int math[10])
{
    int i;

    srand(time(NULL));

    for(i=0;i<10;i++)
    {
        kor[i]=rand()%101;
        eng[i]=rand()%101;
        math[i]=rand()%101;
    }
}
void MakeTotalAvr(int kor[10],int eng[10],int math[10],int total[10],float avr[10])
{
    int i;

    for(i=0;i<10;i++)
    {
        total[i]=kor[i]+eng[i]+math[i];
        avr[i]=total[i]/3.0;
    }

}
void MakeMaxIndex(int total[10],int* maxindex)
{
    int i;
```

```
    *maxindex=0;
    for(i=0;i<10;i++)
    {
        if(total[*maxindex] < total[i])
        {
            *maxindex=i;
        }
    }
}
void MyPrint(int kor[10],int eng[10],int math[10],int total[10],float avr[10],int maxindex)
{
    int i;

    for(i=0;i<10;i++)
    {
        printf("%d] %d₩t %d₩t %d₩t %d₩t %.2f₩n",i,kor[i],eng[i],math[i],total[i],avr[i]);
    }
    printf("max index:%d₩n",maxindex);

}
int main()
{
    int maxindex;

    int kor[10];
    int eng[10];
    int math[10];

    int total[10];
    float avr[10];

    Ini(kor,eng,math);

    MakeTotalAvr(kor,eng,math,total,avr);

    MakeMaxIndex(total,&maxindex);

    MyPrint(kor,eng,math,total,avr,maxindex);

    return 0;
}
```

완성된 소스

```
#include <stdio.h>
#include <stdlib.h>
#include <time.h>

void Ini(int kor[10],int eng[10],int math[10])
{
    int i;

    srand(time(NULL));

    for(i=0;i<10;i++)
    {
        kor[i]=rand()%101;
        eng[i]=rand()%101;
        math[i]=rand()%101;
    }
}
void MakeTotalAvr(int kor[10],int eng[10],int math[10],int total[10],float avr[10])
{
    int i;

    for(i=0;i<10;i++)
    {
        total[i]=kor[i]+eng[i]+math[i];
        avr[i]=total[i]/3.0;
    }

}
void MakeMaxIndex(int total[10],int* maxindex)
{
    int i;

    *maxindex=0;
    for(i=0;i<10;i++)
    {
        if(total[*maxindex] < total[i])
        {
            *maxindex=i;
        }
    }
}
```

```
void MyPrint(int kor[10],int eng[10],int math[10],int total[10],float avr[10],int max-
index)
{
    int i;

    for(i=0;i<10;i++)
    {
        printf("%d] %d₩t %d₩t %d₩t %d₩t %.2f₩n",i,kor[i],eng[i],math[i],total[i],avr[i]);
    }
    printf("max index:%d₩n",maxindex);

}
int main()
{
    int maxindex;

    int kor[10];
    int eng[10];
    int math[10];

    int total[10];
    float avr[10];

    Ini(kor,eng,math);

    MakeTotalAvr(kor,eng,math,total,avr);

    MakeMaxIndex(total,&maxindex);

    MyPrint(kor,eng,math,total,avr,maxindex);

    return 0;
}
```

미션 03 로또 함수 버전

01 기본 틀을 만든다.

```
#include <stdio.h>
#include <stdlib.h>
#include <time.h>

int main( )
{


    return 0;
}
```

02 필요한 변수를 선언한다.

```
#include <stdio.h>
#include <stdlib.h>
#include <time.h>

int main()
{
    int i;
    int data[6];




    return 0;
}
```

03 초기화를 하고 중복되지 않게 숫자를 얻어오는 함수를 만든다.

```
#include <stdio.h>
#include <stdlib.h>
#include <time.h>

int IsFind(int data[6],int index)
{
    int re;
```

```
    int i;

    re=0; //not find

    for(i=0;i<index;i++)
    {
        if(data[i] == data[index])
        {
            re=1; //find
            break;
        }
    }

    return re;
}
void MakeData(int data[6])
{
    int i;

    srand(time(NULL));

    for(i=0;i<6;i++)
    {
        data[i]=rand( )%46+1;
        if(1==IsFind(data,i))
        {
            i--;
        }
    }
}
int main()
{
    int i;
    int data[6];


    MakeData(data);




    return 0;
}
```

04 출력 함수를 만든다.

```
#include <stdio.h>
#include <stdlib.h>
#include <time.h>

int IsFind(int data[6],int index)
{
    int re;
    int i;

    re=0; //not find

    for(i=0;i<index;i++)
    {
        if(data[i] == data[index])
        {
            re=1; //find
            break;
        }
    }

    return re;
}
void MakeData(int data[6])
{
    int i;

    srand(time(NULL));

    for(i=0;i<6;i++)
    {
        data[i]=rand()%46+1;
        if(1==IsFind(data,i))
        {
            i--;
        }
    }
}
void Show(int data[6])
{
    int i;

    for(i=0;i<6;i++)
```

```
    {
        printf("%d\t",data[i]);
    }
    printf("\n");
}
int main()
{
    int i;
    int data[6];


    MakeData(data);

    Show(data);

    return 0;
}
```

완성된 소스

```
#include <stdio.h>
#include <stdlib.h>
#include <time.h>

int IsFind(int data[6],int index)
{
    int re;
    int i;

    re=0; //not find

    for(i=0;i<index;i++)
    {
        if(data[i] == data[index])
        {
            re=1; //find
            break;
        }
    }

    return re;
```

```
}
void MakeData(int data[6])
{
    int i;

    srand(time(NULL));

    for(i=0;i<6;i++)
    {
        data[i]=rand()%46+1;
        if(1==IsFind(data,i))
        {
            i--;
        }
    }
}
void Show(int data[6])
{
    int i;

    for(i=0;i<6;i++)
    {
        printf("%d\t",data[i]);
    }
    printf("\n");
}
int main()
{
    int i;
    int data[6];


    MakeData(data);

    Show(data);

    return 0;
}
```

04

내공쌓기

미션 01 계산기 함수 버전

1 기본 틀을 만든다.

2 main()에 필요한 변수를 선언한다.

3 초기화 함수를 만든다.

4 계산 함수를 만든다.

5 출력 함수를 만든다.

미션 02 성적처리 함수 버전

1 기본 틀을 만든다.

2 변수를 선언한다.

3 초기화 및 각 과목에 임의의 점수를 받는 함수를 만든다.

4 합계와 평균을 구하는 함수를 만든다.

5 학생의 성적을 출력하는 함수를 만든다.

6 1등한 학생의 성적을 출력한다.

미션 03 로또 함수 버전

1 기본 틀을 만든다.

2 필요한 변수를 선언한다.

3 중복을 체크하는 함수를 만든다.

4 초기화를 하고 중복되지 않게 숫자를 얻어오는 함수를 만든다.

5 출력 함수를 만든다.

M·E·M·O

Quest 05

가위 바위 보

01 프롤로그

가위 바위 보 게임은 컴퓨터와 사람이 가위 바위 보를 하는 것으로, -1(종료), 0(가위), 1(바위), 2(보)로 정의되며, 게임이 종료 되면 플레이어의 승률이 출력된다.

```
C:\WINDOWS\system32\cmd.exe
-1(종료),0(가위),1(바위),2(보)?0
You Win! c:2 y:0
-1(종료),0(가위),1(바위),2(보)?1
You Lose! c:2 y:1
-1(종료),0(가위),1(바위),2(보)?1
You Win! c:0 y:1
-1(종료),0(가위),1(바위),2(보)?2
You Lose! c:0 y:2
-1(종료),0(가위),1(바위),2(보)?1
You Lose! c:2 y:1
-1(종료),0(가위),1(바위),2(보)?1
You Lose! c:1 y:1
-1(종료),0(가위),1(바위),2(보)?2
You Win! c:1 y:2
-1(종료),0(가위),1(바위),2(보)?0
You Lose! c:0 y:0
-1(종료),0(가위),1(바위),2(보)?-1
Win Rate:0.38
계속하려면 아무 키나 누르십시오 . . .
```

02 기초공략

Item 01 #define

프로그램에서 숫자를 여러 가지 의미로 사용해야하는 경우가 종종 있다. 예를 들어 아래와 같은 의미로 각각 숫자를 사용할 수 있다.

```
0:가위,1:바위,2:보
0:실패, 1: 성공
```

로직을 전개하기 위해 숫자 값들을 사용해야 할 때, 프로그램의 길이가 길어지고 처리해야 할 내용이 많아지면 사람은 각각의 숫자가 무엇을 의미하는지 혼돈하게 된다. 이러한 혼돈을 방지하기 위해 숫자에 사람이 잊어버리지 않을 별명을 붙여 놓고 숫자 대신 코드에 이 별명을 사용하면 훨씬 쉬울 것이다. 이러한 별명들은 실제 소스가 빌딩될 때, 소스에서 별명에 해당되는 부분이 미리 정의되어 있는 숫자로 변경되어 빌딩되게 된다.

이러한 별명을 사용하는 방법은 아래와 같은 형태로 사용하면 된다.

```
//#define 별명 값

#define GA      0
#define BA      1
#define BO      2

#define FAIL    0
#define SUCCESS 1


void Test()
{
    ....
    if(GA==a)
    {
```

```
        re=SUCCESS ; //1 대신 SUCCESS를 사용
        ...
    }
}
```

Item 02 무한 반복문

관례적으로 for 문은 지정된 횟수를 순차적으로 반복할 때 주로 사용하는 문장이다. 특정한 조건이 만족할 때 까지 무한정 반복하는 로직을 구현할 때는 아래와 같이 while 문을 많이 사용한다. while 문의 기본 양식은 아래와 같다.

```
//////////////////////////////////////////////////////////////////////////////
//형식
while(조건문) //조건문이 거짓이면 while 문이 종료 된다.
{
    //조건문이 참이면 여기를 반복
}
//////////////////////////////////////////////////////////////////////////////
//특정 조건이 만족되면 반목문이 끝나기 유형 I
while(1)
{
    if(끝나기조건만족)
    {
        break; //while문을 끝냄
    }
}
//////////////////////////////////////////////////////////////////////////////
    //특정 조건이 만족되면 반복문이 끝나기 유형 II
while(! 끝나기조건만족)
{

}
```

유형 I은 while 문의 조건을 무조건 참(1)으로 하여 무한 반복을 걸고 내부에서 끝나기 조건이 만족하는지 보고 break 문을 사용하여 무한 반복(loop)을 종료하는 유형이다. 이에 비해 유형 II는 while 문의 조건이 끝나기 조건이 아니라면 내용을 무한히 반복하는 유형이다. 필자의 경우는 유형 II보다는 유형 I을 더욱 선호 하는데 그 이유는 끝나기 조건을 체크하기 전후로 원하는 로직들을 첨가하는 것이 가능하기 때문에 더 큰 유동성을 가지고 있다고 느끼기 때문이다.

무한 반복문을 구현하는 방법으로 for 문을 사용하는 경우도 있다. 아래와 같이 사용한다.

```
for(;;) //여기에 아무것도 쓰지 않음에 유의하자
{
    if(종료조건만족)
    {
        break;
    }
}
```

반복문을 사용할 때 어떤 문법을 사용하는가는 결국 프로그램의 내용과 프로그래머의 취향에 의해 결정된다고 할 수 있다.

Item 03 논리 연산자

수학에서 나오는 논리연산 and와 or, not, equal은 어떻게 구현할까? C에서는 다음과 같이 구현된다.

```
//논리연산에 쓰이는 상수값
0 => false
1 => true;

//논리 연산자
&& => and
|| => or
!  => not
== => equal
```

특히 논리연산자가 쓰이는 곳은 주로 if 문의 조건절이나, while 문의 조건절에서 이다.

```
//if 문의 조건절에 사용
if(논리연산자)
{
}

//while문의 조건절에 사용
while(논리연산자)
{
}
```

Item 04 가위 바위 보 승자 판단 로직

두 명이 선수가 가위 바위 보 게임을 하면 경우의 수는 모두 9가지 경우가 나온다.

```
(선수1,선수2)={(가위,가위),(가위,바위),(가위,보),(바위,가위),(바위,바위),(바위,보),(보,가위),
(보,바위),(보,보)}
```

이중 선수1이 선수2를 이기는 경우는 (가위,보),(바위,가위),(보,바위)의 3가지 경우만 있다. 이 내용을 C 문법을 사용하여 구현하면 아래와 같다.

```
#define GA   0
#define BA   1
#define BO   2
...
if( (GA == p1 && BO==p2) || (BA==p1&&GA==p2) || (BO==p1&&BA==p2))
{
   //승리
}
```

Item 05 프로그래밍 오류

프로그램을 작성하면서 만나는 오류는 2 종류가 있다. '문법적 오류(컴파일 오류)'와 '논리적 오류(버그)'가 각각 그것이다.

문법적 오류는 컴파일(빌딩) 시 실행파일을 만들지 못하는 오류인데, 대부분의 개발 Tool들이 이 오류의 원인을 친절하게 분석해 준다. 어떤 프로그램에서 문법적 오류가 10개 발생하였다면 첫 번째 오류부터 문제를 해결해야 한다. 왜냐하면 첫 번째 오류가 나머지 9개의 오류를 발생시켰기 때문이다. 따라서 첫 번째 오류를 해결하고 다시 빌딩하면 나머지 9개의 오류가 모두 자동으로 없어진다. 초보자의 경우는 아무리 오류가 많아도 오류를 발생시킨 제일 위의 오류부터 하나씩 차례로 문제를 해결해가는 요령이 꼭 필요하다. 이러한 문법적 오류를 우리는 흔히 'error'라고 부르기도 한다.

논리적 오류는 실행파일이 만들어져서 프로그램은 실행되지만 프로그램의 흐름에 논리적 모순이 생기는 경우이다. 즉 자신이 원하는 방향으로 프로그램이 실행되지 않고 엉뚱한 결과를 만들어 내는 오류이다. 이러한 논리적 오류를 프로그래머들은 주로 '버그(bug)'라고 부른다. 버그는 프로그래머가 직접 논리적 오류를 찾아야 하기 때문에 error에 비해서 난이도가 훨씬 높다고 할 수 있다. 버그를 찾는 기술은 오랫동안 진화해 왔는데 이러한 기술들을 통칭하여 '디버깅(debugging)'이라고 한다. 디버깅의 가장 일반적인 방법은 화면에 필요한 변수들의 값을 출력하고 소스코드에서 특정 부분에 메시지를 넣어 그 부분이 실행되는지를 체크하는 전통적 디버깅 방법이 있다. 그러나 이러한 방법은 효율성면에서 문제가 있다. 이에 현대적 개발 도구들은 별도의 디버깅 기능을 제공하고 있다. 이 기능을 익혀 사용하는 것이 능률면에서는 무척 효율적이라고 할 수 있다.

Item 06 디버깅

디버깅은 결국 로직의 흐름과 변수의 값을 추적하는 과정이다. 일반적인 디버깅 절차는 아래와 같다.

① 자신이 디버깅하고자 하는 소스 라인을 지정하고 거기에 breakpoint를 설정하는 일이다. 이때 주의해야 하는 것은 breakpoint는 꼭 실행 문장에서만 의미가 있다는 것이다. 선언문에서는 의미가 없음에 주의해야 한다(F9).

② 실행할 때 Release mode로 하지 말고, 꼭 Debug 모드로 실행하여야 한다. 디버깅 모드로 프로그램이 시작되면 main() 함수에서 시작하여 처음 breakpoint를 만나는 라인에 가서 실행을 대기하고 프로그램이 멈추게 된다(F5).

③ 해당 라인을 실행하는 명령을 선택하면 해당 라인이 실행되고 다음 라인에 위치하게 된다(F10).

④ 만약 프로그램을 도중에 멈추고 싶다면 디버깅 모드를 중지하는 명령을 선택하면 된다(Shift + F5).

⑤ for 문 같은 경우 그 반복 횟수가 많으면 일일이 라인단위로 실행하는 것은 어려울 수 있다. 이때는 for 문이 끝난 이후 라인의 적당한 위치에 breakpoint를 설정한 후 다음 breakpoint까지 실행하기를 선택하면 된다(F9, F5).

⑥ 특히 다음에 실행한 문장이 자신이 만든 함수인 경우 이것을 실행하는 방법은 2가지가 있다. 첫째는 그 함수를 바로 실행한 후 그 결과 값만 받는 경우이다(F10). 둘째는 그 함수 안으로 디버깅을 옮겨가는 방법이다(F11). 각각 필요에 따라 적당한 선택이 필요하다.

⑦ 디버깅 시 해당 라인의 실행을 전후하여 변수들의 값을 추적할 수 있다.

Visual Studio에서 디버깅 용어와 단축키는 아래와 같다.

① break point(F9)
디버깅 시작 시 실행을 멈추는 곳

② break point 까지 디버깅 실행(F5)
프로그램을 시작해서 break point 가 있는 곳까지 실행을 진행

③ step over(F10)
해당 라인을 실행하고 결과를 리턴

④ step into(F11)
해당 함수를 실행하기 위해 해당 함수로 진입

⑤ step out(Shift + F11)
해당 함수를 모두 실행하고 원래 호출한 곳으로 되돌아오기

⑥ Stop Debug (Shift + F5)
디버깅을 멈춤

Tech 디버깅 따라하기

아래의 코드는 간단하게 2개의 정수를 입력받아 그 합을 계산하고 출력하는 프로그램을 구조적 기법으로 프로그램한 것이다. 이 코드를 이용하여 디버깅 연습을 해보자.

```
#include <stdlib.h>
#include <stdio.h>

void MyInput(int* a,int* b)
{
    printf("input 2 num:");
    scanf("%d %d",a,b);
}
int MyAdd(int a,int b)
{
    return a+b;
}
int main()
{
    int a,b,c;

    MyInput(&a,&b);
    c=MyAdd(a,b);

    printf("%d + %d = %d \n",a,b,c);

    return 0;
}
```

디버깅 01

01 17 라인에 break point를 설정한다.(F9 : 17라인 왼쪽 끝에 마우스를 눌러 빨간원 표시를 만들거나, 커서를 17라인으로 이동시킨 후 F9를 누른다.)
02 디버그 모드로 실행한다.(F5)
03 step over로 17 라인을 통과한다.(숫자 2개를 입력해야 함) (F10)
04 step into로 18 라인을 실행하면 9 라인으로 실행이 이동된다.(F11)
05 step over로 11 라인으로 간다. 이때 함수에 전달된 a,b 값을 확인한다.(F10)
06 step out으로 11 라인을 나온다.(리턴된 c값을 확인 할 것) (Shift + F11)
07 step over로 20 라인을 실행한다.(화면에 숫자가 출력됨) (F10)

디버깅 02

01 17 라인에 break point를 설정한다.(F9)
02 11 라인에 break point를 설정한다.(F9)
03 디버그 모드로 시작한다.(F5)
04 step over로 17 라인을 통과한다.(F10)
05 디버그 모드 시작을 다시 눌러 11 라인으로 간다.(F5)
06 step over로 다음 단계로 간다.(F10)

03 코딩공략

01 구조를 만든다.

```
#include <stdio.h>
#include <stdlib.h>
#include <time.h>

int main(int argc, char* argv[])
{

    return 0;
}
```

02 별명을 만들고 변수를 선언한다.

```
#include <stdio.h>
#include <stdlib.h>
#include <time.h>

#define MY_END    -1
#define MY_GA      0
#define MY_BA      1
#define MY_BO      2

#define MY_WIN     0
#define MY_LOSE    1

int main(int argc, char* argv[])
{
    int you;
    int com;
    int re;
    int count;
    int wcount;
```

```
    return 0;
}
```

03 데이터를 초기화한다.

```
#include <stdio.h>
#include <stdlib.h>
#include <time.h>

#define MY_END   -1
#define MY_GA    0
#define MY_BA    1
#define MY_BO    2

#define MY_WIN   0
#define MY_LOSE  1

void MyIni(int* count,int* wcount)
{

    *count=0;
    *wcount=0;
    srand(time(NULL));
}
int main(int argc, char* argv[])
{
    int you;
    int com;
    int re;
    int count;
    int wcount;
    float wrate;

    MyIni(&count,&wcount);

    return 0;
}
```

04 컴퓨터와 플레이어로부터 가위 바위 보 중 한 개를 받는다. 만약 -1이 입력되면 게임을 종료하는 것으로 한다.

```
#include <stdio.h>
#include <stdlib.h>
#include <time.h>

#define MY_END   -1
#define MY_GA    0
#define MY_BA    1
#define MY_BO    2

#define MY_WIN   0
#define MY_LOSE  1

void MyIni(int* count,int* wcount)
{

   *count=0;
   *wcount=0;
   srand(time(NULL));
}
int ComPlay( )
{
   return rand( )%3;
}
int ManPlay( )
{
   int you;

   printf("-1(종료),0(가위),1(바위),2(보)?");
   scanf("%d",&you);

   return you;
}
int main(int argc, char* argv[])
{
   int you;
   int com;
   int re;
   int count;
   int wcount;
   float wrate;

   MyIni(&count,&wcount);
```

```
    while(1)
    {
        com=ComPlay( );
        you=ManPlay( );

        if(MY_END==you)
        {
            break;
        }
    }


    return 0;
}
```

05 승패를 결정하는 함수를 만들고 승패를 결정한다. 이때 게임 전체 횟수와 플레이어가 이긴 횟수를 업데이트한다.

```
#include <stdio.h>
#include <stdlib.h>
#include <time.h>

#define MY_END   -1
#define MY_GA    0
#define MY_BA    1
#define MY_BO    2

#define MY_WIN   0
#define MY_LOSE  1

void MyIni(int* count,int* wcount)
{

    *count=0;
    *wcount=0;
    srand(time(NULL));
}
int ComPlay()
{
    return rand()%3;
}
int ManPlay()
```

```
{
    int you;

    printf("-1(종료),0(가위),1(바위),2(보)?");
    scanf("%d",&you);

    return you;
}
int MyCheck(int com,int you)
{
    if(MY_GA==you && MY_BO==com)
    {
        return MY_WIN;
    }

    if(MY_BA==you && MY_GA==com)
    {
        return MY_WIN;
    }

    if(MY_BO==you && MY_BA==com)
    {
        return MY_WIN;
    }

    return MY_LOSE;
}
int main(int argc, char* argv[])
{
    int you;
    int com;
    int re;
    int count;
    int wcount;
    float wrate;

    MyIni(&count,&wcount);

    while(1)
    {
        com=ComPlay();
        you=ManPlay();

        if(MY_END==you)
```

```
        {
            break;
        }

        count++;
        re=MyCheck(com,you);
        if(MY_WIN == re)
        {
            wcount++;
            printf("You Win! c:%d y:%d\n",com,you);
        }
        else
        {
            printf("You Lose! c:%d y:%d\n",com,you);
        }
    }


    return 0;
}
```

06 게임이 종료되면 승률을 보여준다.

```
#include <stdio.h>
#include <stdlib.h>
#include <time.h>

#define MY_END  -1
#define MY_GA    0
#define MY_BA    1
#define MY_BO    2

#define MY_WIN   0
#define MY_LOSE  1

void MyIni(int* count,int* wcount)
{

    *count=0;
    *wcount=0;
    srand(time(NULL));
}
int ComPlay()
```

```
{
    return rand()%3;
}
int ManPlay()
{
    int you;

    printf("-1(종료),0(가위),1(바위),2(보)?");
    scanf("%d",&you);

    return you;
}
int MyCheck(int com,int you)
{
    if(MY_GA==you && MY_BO==com)
    {
        return MY_WIN;
    }

    if(MY_BA==you && MY_GA==com)
    {
        return MY_WIN;
    }

    if(MY_BO==you && MY_BA==com)
    {
        return MY_WIN;
    }

    return MY_LOSE;
}
void ShowWRate(int count,int wcount)
{
    float wrate;

    wrate=(float)wcount/count;
    printf("Win Rate:%.2f₩n",wrate);
}
int main(int argc, char* argv[])
{
    int you;
    int com;
    int re;
    int count;
```

```
    int wcount;
    float wrate;

    MyIni(&count,&wcount);

    while(1)
    {
        com=ComPlay();
        you=ManPlay();

        if(MY_END==you)
        {
            break;
        }
        count++;
        re=MyCheck(com,you);
        if(MY_WIN == re)
        {
            wcount++;
            printf("You Win! c:%d y:%d\n",com,you);
        }
        else
        {
            printf("You Lose! c:%d y:%d\n",com,you);
        }
    }
    ShowWRate(count,wcount);

    return 0;
}
```

완성된 소스

```
#include <stdio.h>
#include <stdlib.h>
#include <time.h>

#define MY_END   -1
#define MY_GA    0
#define MY_BA    1
#define MY_BO    2
```

```
#define MY_WIN   0
#define MY_LOSE  1

void MyIni(int* count,int* wcount)
{

    *count=0;
    *wcount=0;
    srand(time(NULL));
}
int ComPlay()
{
    return rand()%3;
}
int ManPlay()
{
    int you;

    printf("-1(종료),0(가위),1(바위),2(보)?");
    scanf("%d",&you);

    return you;
}
int MyCheck(int com,int you)
{
    if(MY_GA==you && MY_BO==com)
    {
        return MY_WIN;
    }

    if(MY_BA==you && MY_GA==com)
    {
        return MY_WIN;
    }

    if(MY_BO==you && MY_BA==com)
    {
        return MY_WIN;
    }

    return MY_LOSE;
}
void ShowWRate(int count,int wcount)
{
```

```
    float wrate;

    wrate=(float)wcount/count;
    printf("Win Rate:%.2f₩n",wrate);
}
int main(int argc, char* argv[])
{
    int you;
    int com;
    int re;
    int count;
    int wcount;
    float wrate;

    MyIni(&count,&wcount);

    while(1)
    {
        com=ComPlay();
        you=ManPlay();

        if(MY_END==you)
        {
            break;
        }

        count++;
        re=MyCheck(com,you);
        if(MY_WIN == re)
        {
            wcount++;
            printf("You Win! c:%d y:%d₩n",com,you);
        }
        else
        {
            printf("You Lose! c:%d y:%d₩n",com,you);
        }
    }
    ShowWRate(count,wcount);

    return 0;
}
```

04

내공쌓기

1 구조를 만든다.

2 별명을 만들고 변수를 선언한다.

3 데이터를 초기화한다.

4 승부를 결정하는 함수를 만든다.

5 종료 메시지가 들어올 때까지 게임을 진행한다.

6 승률을 계산하고 출력한다.

05 구조공략

남이 만들어 놓은 소스를 완벽하게 자신의 것으로 만드는 것은 결코 쉬운 일이 아니다. 특히 많은 초보 학습자들이 책에 있는 소스 코드를 눈으로 쇼핑하고, 이해하는 것만으로 모든 것을 습득했다고 하는 착각을 많이 하는 것 같다. 거듭 다시 한 번 말하지만 이해하는 코드는 모르는 코드와 같다. 손에서 아무 생각 없이 쏟아지는 코드만이 자신의 자산임을 명심하라. 구조공략에서는 이해한 코드를 시각적으로 분석하여 이해도를 높이기위한 단계로 꼭 스스로 문서를 만들어 보고 이 문서를 기반으로 코드를 완벽하게 재현할 수 있어야 한다. 건축에 비유하면 구조공략은 설계도이고 코딩공략이 실제 시공이라고 할 수 있다.

1 프로그램을 구성하는 모든 함수를 조사하고 그 기능을 기술하라. 또 각 함수의 리턴값의 의미 및 범위를 조사하고, 입력 파라미터도 동일한 방법으로 조사하라.

2 전역변수가 있다면 그 용도와 값의 범위를 조사하라.

3 각 함수의 내부 로직을 간단하게 기술하고 필요한 임시 변수를 기술하고 그 용도를 조사하라.

4 main() 함수를 출발점으로 각 함수 사이의 호출 그래프를 완성하라.

5 자신이 만들어 놓은 설계도를 기반으로 코드를 완성해 보라.

06 확장공략

확장공략에서는 기본적으로 만들어진 기능에 추가로 생각해 볼 수 있는 추가 기능을 제안하였다. 학습자는 제안된 추가 기능을 스스로 만들어 보아야 한다. 추가 기능을 구현하기 위해서는 지금까지 누적해 온 Item이나 Tech를 이용하면 대부분 문제는 해결될 수 있도록 되어 있으며, 일부분은 상식적인 수준에서 로직을 추가로 생각해 보아야 하는 것들도 있다.

완성된 소스를 이용하여 디버깅 연습을 해 보아라. 단 아래에 있는 두 가지 내용에 유의하라.

1 흐름 추적하기

2 실행 시 변수들의 값 추적하기

Quest 06

숫자 야구

01 프롤로그

숫자 야구 게임은 컴퓨터가 중복되지 않게 0에서 9까지의 숫자들 중 3개를 임의로 선택하면 플레이어가 그 숫자를 맞추는 게임이다. 예를 들어 컴퓨터가 1, 5, 7이라는 숫자를 선택하고 플레이어가 1, 7, 9를 선택하면 컴퓨터는 1 스트라이크 1 볼이라고 힌트를 준다. 컴퓨터의 숫자와 플레이어의 숫자를 비교하여 위치와 값이 같으면 스트라이크, 위치는 다르고 값만 같으면 볼, 나머지는 무시한다. 컴퓨터는 자신이 숨긴 숫자를 맞출 기회를 플레이어에게 10회 정도 주며, 플레이어는 그 횟수 내에서 3 스트라이크를 맞춰야 이기는 게임이다.

```
C:\WINDOWS\system32\cmd.exe
Baseball Game ver 0.1 by clccclcc
0 ~ 9 까지 중복 없이 숫자 3개를 넣으세요?0 1 2
 s:0  b:1
0 ~ 9 까지 중복 없이 숫자 3개를 넣으세요?0 2 3
 s:0  b:1
0 ~ 9 까지 중복 없이 숫자 3개를 넣으세요?0 4 5
 s:0  b:2
0 ~ 9 까지 중복 없이 숫자 3개를 넣으세요?0 4 6
 s:0  b:1
0 ~ 9 까지 중복 없이 숫자 3개를 넣으세요?0 5 7
 s:1  b:0
0 ~ 9 까지 중복 없이 숫자 3개를 넣으세요?5 7 8
 s:0  b:1
0 ~ 9 까지 중복 없이 숫자 3개를 넣으세요?0 5 9
 s:1  b:0
0 ~ 9 까지 중복 없이 숫자 3개를 넣으세요?0 9 8
 s:0  b:0
0 ~ 9 까지 중복 없이 숫자 3개를 넣으세요?0 1 3
 s:0  b:0
0 ~ 9 까지 중복 없이 숫자 3개를 넣으세요?1 2 3
 s:0  b:1
You LOSE....
com=> 2 5 4
-1: end  else continue game ?_
```

02 기초공략

Item 01 함수로 결과값 받기

함수를 이용하여 어떤 계산을 수행한 후 그 결과를 받는 방법은 크게 2가지가 있다. 첫째는 함수의 리턴값으로 받는 방법이고, 두 번째는 함수 인자에 결과값을 받을 변수의 주소 값을 넘겨주고 이 주소를 이용하여 값을 받는 방법이 있다. 초보자의 입장에서 보면 첫 번째 방법은 사용하기 쉽고, 두 번째 방법은 상대적으로 좀 어렵다고 느끼게 된다. 그러나 2개 이상의 값을 결과로 받으려고 하면 두 번째 방법 외에는 선택의 여지가 없다.

일반적으로 함수를 사용할 때, 연산 결과 값은 주소로 넘겨진 함수 인자를 이용해서 받고 함수 처리에 에러가 있는지 없는지에 대한 결과는 리턴값으로 받는 방법을 주로 사용한다.

```
int Add(int a,int b)
{
    int c;

    c=a+b;
    return c;
}

void  Add1(int a,int b,int* c)
{
    *c=a+b;

    return; //이 return은 생략해도 상관없다.
}
int Add2(int a,int b,int* c)
{
    int re;

    re=1; //no error
    *c=a+b;
    return re;
}
```

```
int main()
{
    int a;
    int b;
    int c;

    a=2;
    b=3;

    c=Add(a,b); //리턴값으로 c에서 받기

    Add1(a,b,&c); //주소(포인터)를 이용해 c에서 받기

    if(-1==Add2(a,b,&c)) //결과 값은 함수 인자로, 에러 여부는 리턴값으로 받기
    {
        printf(" Add2 function error!₩n"};
    }
    return 0;
}
```

Item 02 조건절의 상수 우선 코딩 기법

if 문의 사용하여 조건 절에서 변수 a가 3인지를 체크하는 표현은 아래와 같이 할 수 있다.

```
if(a == 3)        or    if( 3 == a)
```

일반적으로 대다수의 책에서는 첫 번째 방법을 많이 사용한다. 그러나 가끔 같다는 표현을 "=="을 사용하지 않고 "="로 실수하는 경우가 종종 있다. 컴파일러는 이렇게 잘못된 문장을 항상 참으로 처리한다. 따라서 빌딩 시에는 에러가 없지만 실행 시에 자신이 원하는 흐름으로 프로그램이 동작하는 않는 논리적 버그가 생기게 된다. 필자의 경험에 따르면 자신이 만든 소스를 자신이 바라 볼 때는 항상 "="이 "=="로 보이는 착시 현상이 심하게 발생한다. 그래서 초보일 때는 이런 문제 하나로 많은 시간을 허비하는 경우도 종종 있다.

```
if( a = 3 )
{
    //항상 여기로만 온다.(버그)
}
```

```
else
{
    //여기는 절대 올수 없음.
}
```

필자는 이러한 버그를 방지할 수 있는 코딩 습관을 제안한다. 즉, 상수를 항상 우선 기술하는 방법이다. 이러한 표기법은 컴파일 시 문법적 오류가 발생하기 때문에 바로 잘못된 점을 인식할 수 있어 효율적이다. 필자가 작성하는 모든 소스에는 if 문에서 항상 상수가 먼저 위치하도록 코딩되어 있다. 필자는 이러한 코딩 기법을 '조건절의 상수우선 코딩기법'이라고 명명한다.

```
if( 3 = a )  //a에 있는 값을 상수 3에 복사하라 => 문법 에러 발생
{
}
else
{
}
```

Item 03 블록코딩 기법

a값이 3이면 a값을 b에 복사하고 그렇지 않으면 a값을 c에 복사하라는 내용을 코딩하면 아래와 같다.

```
if(3==a)
{
    b=a;
}
else
{
    c=a;
}
```

이 코드를 타이핑하는 방법은 첫째 'if(a==3)' 이런 식으로 첫줄서 부터 차례로 써 내려가는 방법이 있다. 이 방법은 초보자들이 많이 사용하는 방법인데, 내용이 간단할 때는 아무 문제가 되지 않는다. 그러나 다중 블록이거나 블록 내부에 내용이 많아지면 "{"나 "("의 개수가 일치하지 않게 되는 경우를 종종 만나게 된다. 괄호를 하나 닫는 것을 잊어버리고 컴파일 하면 대부분의 컴파일러는 엉뚱한 곳에서 에러가 발생했다고 리포팅한다. 초보자가 이 문제를 해결하기 위해서는 많은 시간과 노력이 필요하다.

필자는 이러한 괄호수의 불일치로 발생하는 에러를 사전에 방지하기 위해 다음과 같은 코딩 습관을 제안한다.

첫째, 블록문은 먼저 구조를 제일먼저 쓴다. 특히 괄호를 미리 열고 닫아 놓는다. 예를 들어 위의 문제인 경우는 아래와 같이 if 문의 구조를 미리 만들어 놓는다.

```
if()
{
}
else
{
}
```

둘째, 조건절을 완성한다.

```
if(3==a)
{
}
else
{
}
```

셋째, 각 블록을 완성한다.

```
if(3==a)
{
    b=a;
}
else
{
    c=a;
}
```

for 문의 경우나, while 문도 모두 동일한 방법으로 코딩한다. 위의 절차를 따라 코딩하게 되면 초보자가 코딩 시 괄호 숫자가 일치하지 않아 당하는 괴로움은 바로 해결해 줄 수 있다. 이러한 코딩 기법을 필자는 '블록코딩 기법'이라고 명명한다. 현대적 개발 툴에 포함되어 나오는 소스편집기들은 여는 괄호 코드를 쓰면 자동으로 닫는 괄호를 코딩해주는 자동 블록 코딩 기법이 지원되는 경우가 종종 있다.

Item 04 반복문의 중첩구조와 그 탈출

반복문에 반복문이 포함되어 있는 경우는 '중첩'이라고 하는데 보통 2중 중첩 정도를 많이 사용한다. 그러나 로직에 따라 3중이나 4중을 사용해야 하는 경우도 종종 발생한다. 이렇게 다중 중첩문을 사용하면 로직이 복잡해지는 단점이 있고, 또 너무 깊은 곳에서 바로 모든 중첩문을 나와야 하는 경우 어려움을 당하게 된다.

아래의 예는 2중 반복 중첩문에서 break 문이 쓰인 위치에 따라 그 범위가 달라짐을 보여준다.

```
while(1)
{
    for(i=0;i<1000;i++)
    {
        ...
        break; //이 break는 for문을 나간다.
    }
    ...
    break; //이 break는 while 문을 나간다.
}
```

Item 05 스트라이크 볼 판단하는 로직(알고리즘)

컴퓨터가 3개의 숫자를 중복 없이 int com[3]에 만들었다고 하고 플레이어가 int p[3]에 중복 없이 3개의 숫자를 입력했다고 할 때, 스트라이크 수와 볼의 수는 어떻게 구할까? 아래에 이 문제를 해결하는 로직(알고리즘)의 예를 제시한다.

① 스트라이크 수와 볼의 수를 0으로 초기화한다.

② 플레이어의 숫자 1개를 가지고 와서 컴퓨터의 숫자 3개와 차례로 비교한다. 이때 값이 같으면서 위치(순서)도 같으면 스트라이크 수를 1 증가 시키고, 값이 같고 위치(순서)가 다른 경우는 볼의 수를 1 증가시킨다. 값이 다르면 이것은 아무것도 아니다.

③ 플레이어가 입력한 3개의 숫자 모두를 ②번에 적용한다.

아래의 코드는 위의 알고리즘을 C 코드로 구현한 함수이다. 특히 유의해야 하는 것은 코드가 꼭 아래와 같지 않아도 위의 조건을 만족하면 올바른 구현이라고 할 수 있다.

```
void CheckScore(int com[3],int p[3])
{
    int i;
    int j;
    int ts; //스트라이크 수
    int tb; //볼의 수

    ts=0;
    tb=0;

    for(i=0;i<3;i++)
    {
        for(j=0;j<3;j++)
        {
            if(p[i]==com[j])
            {
                if(i==j)
                {
                    ts++;
                }
                else
                {
                    tb++;
                }
                break;
            }
        }
    }
}
```

03 코딩공략

01 틀을 만든다.

```
#include <stdio.h>
#include <stdlib.h>
#include <time.h>

int main(int argc, char* argv[])
{

    return 0;
}
```

02 변수를 선언한고 초기화 작업을 한다.

```
#include <stdio.h>
#include <stdlib.h>
#include <time.h>

void InitGame( )
{
    srand(time(NULL));
    printf("Baseball Game ver 0.1 by clccclcc₩n");
}
int main()
{

    int com[3];
    int p[3];
    int s;
    int b;

    int i;

    InitGame( );
```

```
    return 0;
}
```

03 무한 반복 루프를 만들고 중복이 없도록 0에서 9까지에서 3개의 숫자를 임의로 받아온다.

```
#include <stdio.h>
#include <stdlib.h>
#include <time.h>

void InitGame()
{
    srand(time(NULL));
    printf("Baseball Game ver 0.1 by clccclcc₩n");
}
int IsFind(int com[3],int index)
{
    int re;
    int i;

    re=0;
    for(i=0;i<index;i++)
    {
        if(com[i]==com[index])
        {
            return 1;
        }
    }

    return re;
}
void MakeComData(int com[3])
{
    int i;

    for(i=0;i<3;i++)
    {
        com[i]=rand()%10;
        if(1==IsFind(com,i))
        {
            i--;
```

```
        }
    }

}
int main()
{

    int com[3];
    int p[3];
    int s;
    int b;

    int i;

    InitGame();

    while(1)
    {
        MakeComData(com);

    }

    return 0;
}
```

04 10번 반복문을 만들고 플레이어로부터 3개의 숫자를 받아온다.

```
#include <stdio.h>
#include <stdlib.h>
#include <time.h>

void InitGame()
{
    srand(time(NULL));
    printf("Baseball Game ver 0.1 by clccclcc₩n");
}
int IsFind(int com[3],int index)
{
    int re;
    int i;

    re=0;
```

```
    for(i=0;i<index;i++)
    {
        if(com[i]==com[index])
        {
            return 1;
        }
    }

    return re;
}
void MakeComData(int com[3])
{
    int i;

    for(i=0;i<3;i++)
    {
        com[i]=rand()%10;
        if(1==IsFind(com,i))
        {
            i--;
        }
    }

}
void InputPlayer(int p[3])
{
    int i;

    printf("0 ~ 9 까지 중복 없이 숫자 3개를 넣으세요?");
    for(i=0;i<3;i++)
    {
        scanf("%d",&p[i]);
    }
}
int main()
{

    int com[3];
    int p[3];
    int s;
    int b;

    int i;
```

```
    InitGame();

    while(1)
    {
        MakeComData(com);
        for(i=0;i<10;i++)
        {
            b=0;
            s=0;

            InputPlayer(p);

        }


    }

    return 0;
}
```

05 스트라이크와 볼의 수를 계산하고 3 스트라이크이면 10회 반복문을 빠져 나간다.

```
#include <stdio.h>
#include <stdlib.h>
#include <time.h>

void InitGame()
{
    srand(time(NULL));
    printf("Baseball Game ver 0.1 by clccclcc₩n");
}
int IsFind(int com[3],int index)
{
    int re;
    int i;

    re=0;
    for(i=0;i<index;i++)
    {
        if(com[i]==com[index])
        {
```

```
            return 1;
        }
    }

    return re;
}
void MakeComData(int com[3])
{
    int i;

    for(i=0;i<3;i++)
    {
        com[i]=rand()%10;
        if(1==IsFind(com,i))
        {
            i--;
        }
    }

}
void InputPlayer(int p[3])
{
    int i;

    printf("0 ~ 9 까지 중복 없이 숫자 3개를 넣으세요?");
    for(i=0;i<3;i++)
    {
        scanf("%d",&p[i]);
    }
}
void CheckScore(int com[3],int p[3],int* s,int* b)
{
    int i;
    int j;
    int ts;
    int tb;

    ts=0;
    tb=0;

    for(i=0;i<3;i++)
    {
        for(j=0;j<3;j++)
```

```
        {
            if(p[i]==com[j])
            {
                if(i==j)
                {
                    ts++;
                }
                else
                {
                    tb++;
                }

                break;
            }
        }
    }

    *s=ts;
    *b=tb;

}
int main()
{

    int com[3];
    int p[3];
    int s;
    int b;

    int i;

    InitGame();

    while(1)
    {
        MakeComData(com);
        for(i=0;i<10;i++)
        {
            b=0;
            s=0;

            InputPlayer(p);
            CheckScore(com,p,&s,&b);
```

```
            if(3==s)
            {
                break;
            }
            else
            {
                printf(" s:%d   b:%d  ₩n",s,b);
            }
        }
    }

    return 0;
}
```

06 3 스트라이크이면 승리를 출력하고, 그렇지 않으면 실패를 출력한 후 컴퓨터가 골랐던 답을 보여준다. 이후 게임을 종료할 것인지 계속할 것인지를 물어 보고 적절하게 처리한다.

```
#include <stdio.h>
#include <stdlib.h>
#include <time.h>

void InitGame()
{
    srand(time(NULL));
    printf("Baseball Game ver 0.1 by clccclcc₩n");
}
int IsFind(int com[3],int index)
{
    int re;
    int i;

    re=0;
    for(i=0;i<index;i++)
    {
        if(com[i]==com[index])
        {
            return 1;
        }
    }

    return re;
}
```

```
void MakeComData(int com[3])
{
    int i;

    for(i=0;i<3;i++)
    {
        com[i]=rand()%10;
        if(1==IsFind(com,i))
        {
            i--;
        }
    }

}
void InputPlayer(int p[3])
{
    int i;

    printf("0 ~ 9 까지 중복 없이 숫자 3개를 넣으세요?");
    for(i=0;i<3;i++)
    {
        scanf("%d",&p[i]);
    }
}
void CheckScore(int com[3],int p[3],int* s,int* b)
{
    int i;
    int j;
    int ts;
    int tb;

    ts=0;
    tb=0;

    for(i=0;i<3;i++)
    {
        for(j=0;j<3;j++)
        {
            if(p[i]==com[j])
            {
                if(i==j)
                {
                    ts++;
```

```
                }
                else
                {
                    tb++;
                }

                break;
            }
        }
    }

    *s=ts;
    *b=tb;

}
int CheckNextGame( )
{
    int go;
    int re;

    re=0;
    printf("-1: end  else continue game ?");
    scanf("%d",&go);
    if(-1 == go)
    {
        re=-1;
    }

    return re;
}
int main()
{

    int com[3];
    int p[3];
    int s;
    int b;

    int i;

    InitGame();

    while(1)
```

```
    {
        MakeComData(com);
        for(i=0;i<10;i++)
        {
            b=0;
            s=0;

            InputPlayer(p);
            CheckScore(com,p,&s,&b);
            if(3==s)
            {
                break;
            }
            else
            {
                printf(" s:%d  b:%d ₩n",s,b);
            }
        }

        if( 3 == s)
        {
            printf("3 STRIKE !! You WIN....₩n");
        }
        else
        {
            printf("You LOSE....₩n");
            printf("com=> %d %d %d₩n",com[0],com[1],com[2]);
        }

        if(-1==CheckNextGame( ))
        {
            printf(" Thank You ! ...₩n");
            break;
        }
    }

    return 0;
}
```

완성된 소스

```
#include <stdio.h>
#include <stdlib.h>
#include <time.h>

void InitGame()
{
    srand(time(NULL));
    printf("Baseball Game ver 0.1 by clccclcc₩n");
}
int IsFind(int com[3],int index)
{
    int re;
    int i;

    re=0;
    for(i=0;i<index;i++)
    {
        if(com[i]==com[index])
        {
            return 1;
        }
    }

    return re;
}
void MakeComData(int com[3])
{
    int i;

    for(i=0;i<3;i++)
    {
        com[i]=rand()%10;
        if(1==IsFind(com,i))
        {
            i--;
        }
    }

}
void InputPlayer(int p[3])
{
```

```
    int i;

    printf("0 ~ 9 까지 중복 없이 숫자 3개를 넣으세요?");
    for(i=0;i<3;i++)
    {
        scanf("%d",&p[i]);
    }
}
void CheckScore(int com[3],int p[3],int* s,int* b)
{
    int i;
    int j;
    int ts;
    int tb;

    ts=0;
    tb=0;

    for(i=0;i<3;i++)
    {
        for(j=0;j<3;j++)
        {
            if(p[i]==com[j])
            {
                if(i==j)
                {
                    ts++;
                }
                else
                {
                    tb++;
                }

                break;
            }
        }
    }

    *s=ts;
    *b=tb;

}
int CheckNextGame()
```

```
{
    int go;
    int re;

    re=0;
    printf("-1: end  else continue game ?");
    scanf("%d",&go);
    if(-1 == go)
    {
        re=-1;
    }

    return re;
}

int main()
{

    int com[3];
    int p[3];
    int s;
    int b;

    int i;

    InitGame();

    while(1)
    {
        MakeComData(com);
        for(i=0;i<10;i++)
        {
            b=0;
            s=0;

            InputPlayer(p);
            CheckScore(com,p,&s,&b);
            if(3==s)
            {
                break;
            }
            else
            {
```

```
            printf(" s:%d  b:%d ₩n",s,b);
        }
    }

    if( 3 == s)
    {
        printf("3 STRIKE !! You WIN....₩n");
    }
    else
    {
        printf("You LOSE....₩n");
        printf("com=> %d %d %d₩n",com[0],com[1],com[2]);
    }

    if(-1==CheckNextGame())
    {
        printf(" Thank You ! ...₩n");
        break;
    }
  }

  return 0;
}
```

04 내공쌓기

1 틀을 만든다.

2 변수를 선언하고 초기화 작업을 한다.

3 무한 반복 루프를 만들고 중복이 없도록 0에서 9까지 3개의 숫자를 임의로 받아온다.

4 10번 반복문을 만들고 플레이어로부터 3개의 숫자를 받아온다.

5 스트라이크와 볼의 수를 계산하고 3 스트라이크이면 10회 반복문을 빠져 나간다.

6 3 스트라이크이면 승리를 출력하고 그렇지 않으면 실패를 출력한 후 컴퓨터가 골랐던 답을 보여 준다. 이후 게임을 종료할 것인지 계속할 것인지를 물어 보고 적절하게 처리한다.

05

구조공략

1 프로그램을 구성하는 모든 함수를 조사하고 그 기능을 기술하라. 또 각 함수의 리턴값의 의미 및 범위를 조사하고 입력 파라미터도 동일한 방법으로 조사하라.

2 전역변수가 있다면 그 용도와 값의 범위를 조사하라.

3 각 함수의 내부 로직을 간단하게 기술하고 필요한 임시 변수를 기술하고 그 용도를 조사하라.

4 main( ) 함수를 출발점으로 각 함수 사이의 호출 그래프를 완성하라.

5 자신이 만들어 놓은 설계도를 기반으로 코드를 완성해 보라.

06 확장공략

1 현재 코드는 사람이 입력하는 것에는 중복을 체크하는 로직이 없다. 이 로직을 추가하여 프로그램의 완성도를 높여라.

2 현재 로직에는 여러 번 게임을 했을 때 해당 플레이어의 승률을 계산하여 보여주는 기능이 없다. 이 기능을 추가하라.

Quest 07

행맨

01 프롤로그

행맨은 컴퓨터가 가지고 있는 사전에서 임의로 단어를 선택한 후, 구체적인 스펠링은 보여주지 않고 단어 길이만큼 '*'로 보여 준다. 플레이어가 그 단어를 예측하여 문자를 넣어 단어를 맞추는 게임이다. 만약 입력한 문자가 해당 단어에 없는 경우에는 교수형이 한 단계씩 진행되게 된다. 게임의 목표는 단어를 정확하게 맞추어 단두대에 있는 사형수를 구하는 것이다.

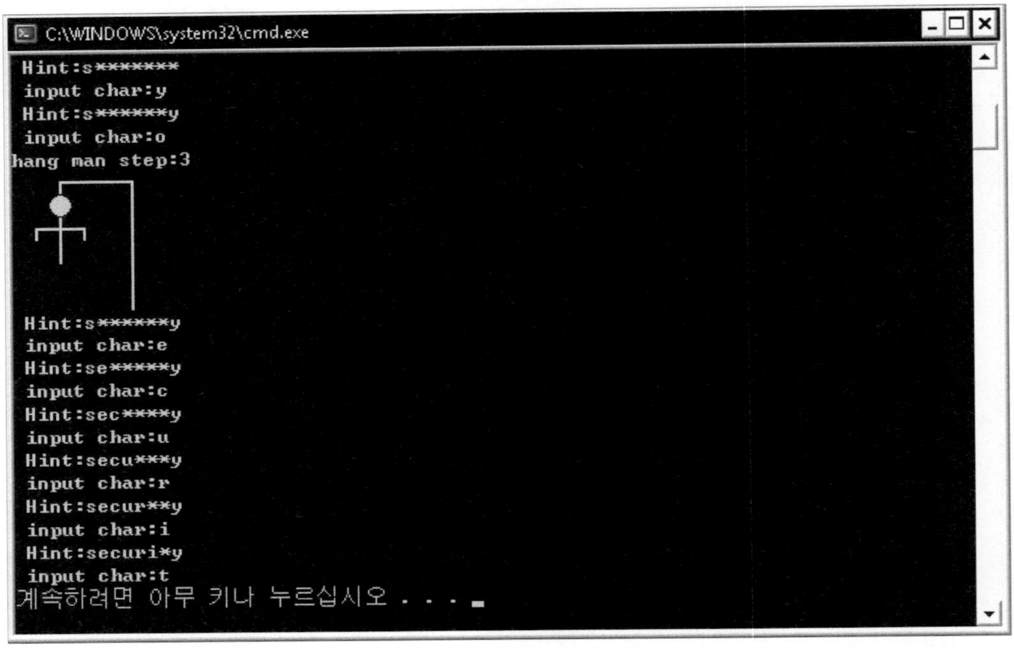

이 게임은 15금 입니다. 15세 이하의 어린이가 이 게임을 하면 마음에 충격을 받을 수 있으므로 주의하시기 바랍니다.

02 기초공략

Item 01 전역변수

지금까지 우리는 '지역변수(local variable)'만을 사용하였다. 지역변수는 해당 함수 내부에서 선언되고 그 함수에서만 사용할 수 있는 변수를 의미한다. 만약 이러한 지역변수를 다른 함수에서 이용하고 싶으면 주소값(포인터)을 이용하여 함수의 인자값으로 넘겨 다른 함수에서 간접적인 방법으로 지역변수를 사용할 수 있다.

포인터를 이용하여 변수를 공유하는 방법이외에 모든 함수들이 변수를 공유하는 또 다른 방법은 '전역변수(global variable)'를 선언하고 사용하는 것이다. 전역변수는 모든 함수들이 기술되기 전 가장 앞쪽에 선언하면 된다. 특히 전역변수는 선언과 동시에 초기 값을 지정하는 방법으로 많이 사용된다. 이후 우리는 전역변수 선언시에 "g_"라는 접두어를 붙여서 스스로 전역변수임을 나타내도록 할 것이다.

```
int g_a=10; //전역변수 a (선언과 동시에 10으로 초기화)

void Test1()
{
    int b; //지역변수

    b=g_a;
}
void Test2()
{
    int c; //지역변수

    c=7;
    g_a=c;
}
```

Item 02 전역변수 vs 지역변수의 포인터

함수와 함수가 변수를 공유하여 작업을 하고자 할 때 선택할 수 있는 방법은 2가지가 있다. 첫째는 전역변수를 사용하는 것이고, 두 번째는 지역변수를 사용하여 정보를 공유하고자 하는 함수에게 지역변수의 주소값(포인터)을 넘겨 간접적으로 지역변수에 접근하게 하는 방법이다. 이 2가지 방법은 각각 그 사용에서 장점과 단점이 있다고 할 수 있다.

구분	장점	단점
전역변수	사용하기가 편하다	보안이 낮아 버그 발생 비율이 높다.
지역변수	보안이 높아 버그 발생 비율이 낮다	사용하기가 까다롭다

어떤 것을 사용할 것인가는 그때그때 마다 다르며, 프로그래머의 개인적 성향에도 영향을 많이 받게 된다. 필자의 경우는 변수가 사용 빈도가 높은 경우는 첫 번째 방법으로, 그렇지 않은 경우는 두 번째 방법을 사용한다.

Item 03 문자와 문자열

C에서 문자는 char 형으로 표시한다. 문자 중 특수 문자가 있는데 이 문자는 특별한 기능을 가지고 있는 문자들이다. 이러한 특수 문자는 2개의 문자로 표시되지만 문자열이 아니기에 ' ' 만으로 표기됨에 유의해야 한다.

```
'₩n' : 줄 변경
'₩t' : 탭만큼 공백 추가
'₩0' : 문자열 종료 (NULL Terminal)
```

문자열은 문자의 연속적인 나열을 의미하며 문자의 배열로 다룬다. 특히 배열에서 문자열의 끝을 나타내기 위해서 '₩0'의 특수 문자를 마지막에 배치한다.

```
char msg[5]={"1234"};  //'₩0' 때문에 최대 4자 까지만 사용할 수 있음.
//msg[0]=>'1'
//msg[1]=>'2'
//msg[2]=>'3'
//msg[3]=>'4'
//msg[4]=>'₩0'
```

특히 문자의 상수 값은 ‘ ’로 표시하고 문자열의 상수 값은 “ ”로 표시함에 유의해야 한다.

```
char a='a'; //ok
char a="abc"; //error
char a='₩n'; //ok : 특수 문자

char msg[10]='a'; //error
char msg[10]="abc";//ok
```

문자열을 초기화 할 때는 선언과 동시에 초기화하는 방법과 필요한 시점에 문자열을 복사하여 초기화하는 방법이 있다. 문자열을 복사하는 함수로는 ‘strcpy()’를 사용한다.

```
//선언과 동시에 초기화
char msg[6]="haha"; //h a h a ₩0으로 구성됨

//도중에 초기화
char msg[10];

msg="haha"; //error (이렇게 사용하는 것은 불가능)
strcpy(msg,"haha"); //h a h a ₩0으로 구성됨

//1 요소씩 초기화
char msg[10];

msg[0]='h';
msg[1]='a';
msg[2]='h';
msg[3]='a';
msg[4]='₩0';
```

C 언어에서 문자열을 다루는 함수들(strcpy,strcm 등)을 사용하려면 ‘#include 〈string.h〉’를 꼭 첨가해야 한다.

Item 04 문자열의 입출력

printf()를 사용하여 문자 및 문자열 변수는 아래와 같이 입출력한다. 문자의 출력은 ‘%c’로, 문자열의 출력은 ‘%s’를 사용함에 유의하자.

```
char msg[20];

scanf("%s",msg); //문자열 입력
printf(" msg:%s₩n",msg); //문자열 출력
printf(" 0:%c 1:%c₩n",msg[0],msg[1]); //문자 출력
```

특히 printf()에서 문자열 출력은 출력하고자 하는 문자열 변수가 문자열의 끝을 알리는 '₩0'으로 꼭 끝나야 문제가 발생하지 않는다. C에서는 printf()나 scanf() 외에도 문자열을 입출력하는 함수들이 다수 있다.

Item 05 문자열을 다루는 기본 함수들

C에서 문자열을 복사하기 위해서는 'strcpy()'를, 문자열의 길이를 구하기 위해서는 'strlen()'을 사용한다. 아래에 이 함수들의 사용 예가 있다.

```
char msg1[80]={"haha"};
char msg2[80];
int len;
int i;

strcpy(msg2,msg1); //msg1 의 내용을 msg2로 복사하라. (파라미터 위치 주의)
//동일한 기능의 다른 방법
len=strlen(msg1); //msg1 의 길이를 구하라=>4
for(i=0;i<len;i++)
{
   msg2[i]=msg1[i];
}
msg2[i]='₩0';
```

Item 06 문자 비교와 문자열 비교

문자 하나를 비교하는 것은 쉬운 일이다. 문자의 비교는 숫자의 비교와 동일한 방법을 사용하면 된다.

```
char a='k';

if( 'k'==a)
{
    //같은 경우
}
else
{
    //다른 경우
}

if( 'q' != a)
{
    //a가 'q'가 아니라면
}
```

문자열의 비교는 이렇게 단순하지가 않다. 문자열은 모든 문자를 비교해서 모두 일치할 경우만 같다고 할 수 있다. 이러한 기능을 가지고 있는 함수가 'strcmp()'이다. 이 함수는 두 개의 문자열을 입력받아 내용이 완전하게 일치할 경우 0을 리턴해 준다.

```
if(temp == "haha") //error
{
}

if(0 == strcmp(temp,"haha"))
{
    //같은 경우
}
else
{
    //다른 경우
}
```

문자를 특정 개수만큼만 비교할 때는 'strncmp()' 함수를 사용하기도 한다.

```
if(0 == strncmp(temp,"haha",3))  //"hah" 까지만 비교함(3개만 비교함).
{
    //같은 경우
}
else
{
```

```
    //다른 경우
}
```

Item 07 switch 문

어떤 변수의 값에 따라 서로 다른 로직을 만들어야 하는 문장 구조는 아래와 같이 if 문을 사용하여 구현할 수 있다.

```
int a;
...
if(0 == a)
{//a가 0일 때
    k=0;
}
else if( 1 == a)
{//a가 1일 때
    k=1;
}
else if( 2 == a)
{//a가 2일 때
    k=2;
}
else
{//a가 0,1,2 이외의 값일 때
    k=3;
}
```

이러한 선택문을 표현하는 또 다른 방법은 'switch()' 문을 사용하는 방법이 있다. 위의 코드를 switch() 문으로 표현하면 아래와 같다. 특히 switch 문의 조건절에는 수치형 데이터(int, char)만 허용되고 문자열은 사용할 수 없음에 주의해야 한다.

```
int a;
...
switch(a)  //조건절 a의 값은 수치형이다.
{
 case 0:
    k=0; //a가 0일 때
     break;
```

```
case 1:
   k=1; //a가 1일 때
    break;

case 2:
   k=2; //a가 2일 때
    break;

default:
   k=3; //a가 0,1,2 이외의 값일 때
    break;
}
```

선택문은 첫 번째 방법처럼 if( ) 문을 사용하여 표현하거나, 두 번째 방법처럼 switch( ) 문을 사용하는 방법이 있는데 선택의 기준 값이 정수일 때는 switch( ) 문을 많이 선호하는 편이나, 선택의 기준 값이 연속적인 값이거나 정수가 아닌 경우는 if( ) 문을 사용하여 표현할 수밖에 없다.

Item 08 특수 문자 입력하기

키보드로부터 특수 문자를 입력하기 위해서는 한글 상태로 키보드를 변경하고 ㄱ, ㄴ 등의 자음을 누른 후 한자 키를 누르면(자음키와 한자 키를 동시에 누르는 것이 아님) 특수키가 나오는데 이중 원하는 것을 선택하면 된다. 아래는 ㅁ, ㅂ의 경우이다.

■ 한글 → ㅁ → 한자

& * @ § ※ ☆ ★ ○ ● ◎ ◇ ◆ □ ■ △ ▲ ▽ ▼ → ← ↑ ↓ ↔ 〓 ◁ ◀ ▷ ▶ ♤
♠ ♡ ♥ ♧ ♣ ⊙ ◈ ▣ ◐ ◑ ▒ ▤ ▥ ▨ ▧ ▦ ▩ ♨ ☏ ☎ ☜ ☞ ¶ † ‡ ↕ ↗ ↙ ↖
↘ ♭ ♩ ♪ ♬ ㉿ ㈜ № ㏇ ™ ㏂ ㏘ ℡ ?? ª º

■ 한글 → ㅂ → 한자

─ │ ┌ ┐ ┘ └ ├ ┬ ┤ ┴ ┼ ━ ┃ ┏ ┓ ┛ ┗ ┣ ┳ ┫ ┻ ╋ ┠ ┯ ┨ ┷ ┿ ┝ ┰ ┥
┸ ╂ ┒ ┑ ┚ ┙ ┖ ┕ ┎ ┍ ┞ ┟ ┡ ┢ ┦ ┧ ┩ ┪ ┭ ┮ ┱ ┲ ┵ ┶ ┹ ┺ ┽ ┾ ╀
╁ ╃ ╄ ╅ ╆ ╇ ╈ ╉ ╊

Item 09 2차원 배열

현실세계에서 사람들이 많이 사용하는 자료 구조는 표이다. 이것은 2차원의 구조로 가로와 세로의 조합으로 구성되어 있다. 이와 같은 표는 C의 2차원 배열로 구현할 수 있다. 2개의 행(라인)과 3개의 열(컬럼)로 구성되어 있는 표를 2차원 배열로 선언하면 아래와 같다.

```
int data[2][3]; //행을 먼저, 열을 나중에 표기함에 유의하자.
```

각각의 저장 공간의 위치 및 인덱스는 아래 그림과 같다. 행의 인덱스는 0~1이며, 열의 인덱스는 0~2의 범위에 있음에 유의하자.

data[0][0]	data[0][1]	data[0][2]
data[1][0]	data[1][1]	data[1][2]

배열의 값을 초기화하는 방법은 크게 2가지가 있다. 첫째는 선언과 동시에 초기화하는 방법이다. 두 번째 방법은 각각의 요소마다 필요한 시점에 값을 대입하는 방법이다. 프로그램의 내용에 따라 적당한 방법을 선택하여 사용하게 된다.

```
//선언과 동시에 초기화
int data[2][3]={ {1,2,3},{4,5,6}};

//선언 이후에 필요한 시점에서 초기화
int data[2][3];
...
data[0][2]=3;
...
```

Item 10 여러 문자열 다루기

1개 이상의 문자열(여러 개의 단어들)을 저장하기 위해서는 char 형 2차원 배열을 사용하면 된다. 보통 이러한 배열의 초기화는 선언과 동시에 문자열을 초기화하는 방법을 많이 사용한다.

```
//한 단어의 최대 길이는 9 ('₩0'포함해서 10), 단어의 총 개수는 2개로 선언한 경우
char words[2][10]={
                  "mother",
                  "sun"};
```

```
//한 단어의 최대 길이는 19 ('₩0'포함해서 20), 단어의 총 개수는 5개로 선언한 경우
char my[5][20]={"word1","word2","word3","word4","word5"};
```

선언되어 있는 여러 단어에서 특정한 인덱스에 있는 문자열을 다른 문자열로 복사하는 예제는 아래와 같다. 문자열 복사이므로 strcpy( ) 같은 문자열을 다루는 함수를 사용해야 하며, 특정 단어의 포인터는 한 개의 배열 인덱스를 사용하여 표현함에 특히 유의해야 한다.

```
//한 단어의 최대 길이는 9 ('₩0'포함해서 10), 단어의 총 개수는 2개로 선언한 경우
char words[2][10]={"mother", "sun"};
char temp[10];

strcpy(temp,words[0]); //"mother"를 temp에 복사 하라.
strcpy(temp,words[1]); //"sun"을 temp에 복사하라.
```

03 코딩공략

01 구조를 만든다.

```
#include <stdio.h>
#include <stdlib.h>

int main()
{

    return 0;
}
```

02 추가 헤더파일을 포함하고, 별명을 만들고, 전역변수를 선언하고 초기화한다.

```
#include <stdio.h>
#include <stdlib.h>
#include <time.h>
#include <string.h>

#define MY_DIC_SIZE        5
#define MY_WORD_LEN    20

char g_dic[MY_DIC_SIZE][MY_WORD_LEN]={
    "father"
    ,"mother"
    ,"wonderful"
    ,"security"
    ,"hello"
};

int g_step=0;

int main()
{
```

```
    return 0;
}
```

03 지역변수를 만들고 게임을 초기화한다. 게임 초기화는 사전에서 임의로 1개의 단어를 선택하고 그 단어의 수만큼 플레이어의 단어에 '*'로 채운다.

```
#include <stdio.h>
#include <stdlib.h>
#include <time.h>
#include <string.h>

#define MY_DIC_SIZE   5
#define MY_WORD_LEN  20

char g_dic[MY_DIC_SIZE][MY_WORD_LEN]={
    "father"
    ,"mother"
    ,"wonderful"
    ,"security"
    ,"hello"
};

int g_step=0;

void IniGame(char* com,char* p)
{
    int index;
    int i;
    int len;

    srand(time(NULL));
    index=rand( )%MY_DIC_SIZE;
    strcpy(com,g_dic[index]);
    len=strlen(com);
    for(i=0;i<len;i++)
    {
        p[i]='*';
    }
    p[i]='₩0';

}
int main()
```

```
{
    char com[MY_WORD_LEN];
    char p[MY_WORD_LEN];


    IniGame(com,p);


    return 0;
}
```

04 사용자로 부터 문자를 입력받아 비교하고 같은 문자가 있으면 처리하고 없으면 맞추지 못했음을 리턴값으로 반환한다.

```
#include <stdio.h>
#include <stdlib.h>
#include <time.h>
#include <string.h>

#define MY_DIC_SIZE   5
#define MY_WORD_LEN  20

char g_dic[MY_DIC_SIZE][MY_WORD_LEN]={
    "father"
    ,"mother"
    ,"wonderful"
    ,"security"
    ,"hello"
};

int g_step=0;

void IniGame(char* com,char* p)
{
    int index;
    int i;
    int len;

    srand(time(NULL));
    index=rand()%MY_DIC_SIZE;
    strcpy(com,g_dic[index]);
    len=strlen(com);
```

```
    for(i=0;i<len;i++)
    {
        p[i]='*';
    }
    p[i]='₩0';

}
int InputChar(char com[MY_WORD_LEN],char p[MY_WORD_LEN])
{
    char msg[5];
    char key;

    int len;
    int check;
    int i;


    printf(" Hint:%s ₩n",p);
    printf(" input char:");
    scanf("%s",msg);
    key=msg[0];

    len=strlen(p);
    check=0;
    for(i=0;i<len;i++)
    {
        if(com[i]==key && p[i]=='*')
        {
            p[i]=key;
            check=1;
        }
    }

    return check;
}
int main()
{
    char com[MY_WORD_LEN];
    char p[MY_WORD_LEN];


    IniGame(com,p);
```

```
    while(1)
    {
        if(0==InputChar(com,p))
        {

        }

    }

    return 0;
}
```

05 만약 1문자도 맞추지 못한 경우는 교수형을 1단계 진행하고, 현재의 진행 상태를 그림으로 보여준다.

```
#include <stdio.h>
#include <stdlib.h>
#include <time.h>
#include <string.h>

#define MY_DIC_SIZE   5
#define MY_WORD_LEN  20

char g_dic[MY_DIC_SIZE][MY_WORD_LEN]={
    "father"
    ,"mother"
    ,"wonderful"
    ,"security"
    ,"hello"
};

int g_step=0;

void IniGame(char* com,char* p)
{
    int index;
    int i;
    int len;

    srand(time(NULL));
    index=rand()%MY_DIC_SIZE;
    strcpy(com,g_dic[index]);
```

```
    len=strlen(com);
    for(i=0;i<len;i++)
    {
        p[i]='*';
    }
    p[i]='₩0';

}
int InputChar(char com[MY_WORD_LEN],char p[MY_WORD_LEN])
{
    char msg[5];
    char key;

    int len;
    int check;
    int i;


    printf(" Hint:%s ₩n",p);
    printf(" input char:");
    scanf("%s",msg);
    key=msg[0];

    len=strlen(p);
    check=0;
    for(i=0;i<len;i++)
    {
        if(com[i]==key && p[i]=='*')
        {
            p[i]=key;
            check=1;
        }
    }

    return check;
}
void  GoNextStep()
{
    g_step++;
    printf("hang man step:%d₩n",g_step);
}
void ShowHangman()
{
```

```
switch(g_step)
{
case 0:
    printf("      ┌────┐ ₩n");
    printf("           │ ₩n");
    printf("           │ ₩n");
    printf("           │ ₩n");
    printf("           │ ₩n");
    printf("           │ ₩n");

    break;
case 1:
    printf("      ┌────┐ ₩n");
    printf("      ●    │ ₩n");
    printf("           │ ₩n");
    printf("           │ ₩n");
    printf("           │ ₩n");
    printf("           │ ₩n");

    break;
case 2:
    printf("      ┌────┐ ₩n");
    printf("      ●    │ ₩n");
    printf("    ┌─┼─┐  │ ₩n");
    printf("           │ ₩n");
    printf("           │ ₩n");
    printf("           │ ₩n");

    break;
case 3:
    printf("      ┌────┐ ₩n");
    printf("      ●    │ ₩n");
    printf("    ┌─┼─┐  │ ₩n");
    printf("      │    │ ₩n");
    printf("           │ ₩n");
    printf("           │ ₩n");

    break;
case 4:
    printf("      ┌────┐ ₩n");
    printf("      ●    │ ₩n");
    printf("    ┌─┼─┐  │ ₩n");
```

```
        printf("    |       | ₩n");
        printf("  ┌┴┐      | ₩n");
        printf("           | ₩n");

        break;
    default:
        break;
    }
}
int main()
{
    char com[MY_WORD_LEN];
    char p[MY_WORD_LEN];


    IniGame(com,p);

    while(1)
    {
        if(0==InputChar(com,p))
        {
            GoNextStep();
            ShowHangman();
        }

    }

    return 0;
}
```

06 교수형 단계 및 단어의 완성도를 체크하여 게임의 종료를 처리한다.

```
#include <stdio.h>
#include <stdlib.h>
#include <time.h>
#include <string.h>

#define MY_DIC_SIZE    5
#define MY_WORD_LEN   20

char g_dic[MY_DIC_SIZE][MY_WORD_LEN]={
    "father"
```

```
    ,"mother"
    ,"wonderful"
    ,"security"
    ,"hello"
};

int g_step=0;

void IniGame(char* com,char* p)
{
    int index;
    int i;
    int len;

    srand(time(NULL));
    index=rand()%MY_DIC_SIZE;
    strcpy(com,g_dic[index]);
    len=strlen(com);
    for(i=0;i<len;i++)
    {
        p[i]='*';
    }
    p[i]='₩0';

}
int InputChar(char com[MY_WORD_LEN],char p[MY_WORD_LEN])
{
    char msg[5];
    char key;

    int len;
    int check;
    int i;


    printf(" Hint:%s ₩n",p);
    printf(" input char:");
    scanf("%s",msg);
    key=msg[0];

    len=strlen(p);
    check=0;
    for(i=0;i<len;i++)
```

```
    {
        if(com[i]==key && p[i]=='*')
        {
            p[i]=key;
            check=1;
        }
    }

    return check;
}
void  GoNextStep()
{
    g_step++;
    printf("hang man step:%d₩n",g_step);
}
void ShowHangman()
{

    switch(g_step)
    {
    case 0:
        printf("    ┌───┐ ₩n");
        printf("          │ ₩n");
        printf("          │ ₩n");
        printf("          │ ₩n");
        printf("          │ ₩n");
        printf("          │ ₩n");

        break;
    case 1:
        printf("    ┌───┐ ₩n");
        printf("    ●     │ ₩n");
        printf("          │ ₩n");
        printf("          │ ₩n");
        printf("          │ ₩n");
        printf("          │ ₩n");

        break;
    case 2:
        printf("    ┌───┐ ₩n");
        printf("    ●     │ ₩n");
        printf("  ┌┼┐   │ ₩n");
        printf("          │ ₩n");
```

```
        printf("         │₩n");
        printf("         │₩n");

        break;
    case 3:
        printf("    ┌────┐₩n");
        printf("    ●    │₩n");
        printf("   ┌┼┐   │₩n");
        printf("    │    │₩n");
        printf("         │₩n");
        printf("         │₩n");

        break;
    case 4:
        printf("    ┌────┐₩n");
        printf("    ●    │₩n");
        printf("   ┌┼┐   │₩n");
        printf("    │    │₩n");
        printf("   ┌┴┐   │₩n");
        printf("         │₩n");

        break;
    default:
        break;
    }
}
int CheckGameOver(char* com,char* p)
{
    if(4==g_step)
    {
        return 1;
    }

    if(0==strcmp(com,p))
    {
        return 1;
    }

    return 0;
}
int main()
{
    char com[MY_WORD_LEN];
```

```
    char p[MY_WORD_LEN];


    IniGame(com,p);

    while(1)
    {
        if(0==InputChar(com,p))
        {
            GoNextStep();
            ShowHangman();
        }

        if(1==CheckGameOver(com,p))
        {
            break;
        }
    }

    return 0;
}
```

완성된 소스

```
#include <stdio.h>
#include <stdlib.h>
#include <time.h>
#include <string.h>

#define MY_DIC_SIZE   5
#define MY_WORD_LEN   20

char g_dic[MY_DIC_SIZE][MY_WORD_LEN]={
    "father"
    ,"mother"
    ,"wonderful"
    ,"security"
    ,"hello"
};

int g_step=0;
```

```
void IniGame(char* com,char* p)
{
    int index;
    int i;
    int len;

    srand(time(NULL));
    index=rand()%MY_DIC_SIZE;
    strcpy(com,g_dic[index]);
    len=strlen(com);
    for(i=0;i<len;i++)
    {
        p[i]='*';
    }
    p[i]='₩0';

}
int InputChar(char com[MY_WORD_LEN],char p[MY_WORD_LEN])
{
    char msg[5];
    char key;

    int len;
    int check;
    int i;


    printf(" Hint:%s ₩n",p);
    printf(" input char:");
    scanf("%s",msg);
    key=msg[0];

    len=strlen(p);
    check=0;
    for(i=0;i<len;i++)
    {
        if(com[i]==key && p[i]=='*')
        {
            p[i]=key;
            check=1;
        }
    }
```

```
    return check;
}
void  GoNextStep()
{
    g_step++;
    printf("hang man step:%d₩n",g_step);
}
void ShowHangman()
{

    switch(g_step)
    {
    case 0:
        printf("    ┌───┐₩n");
        printf("        │₩n");
        printf("        │₩n");
        printf("        │₩n");
        printf("        │₩n");
        printf("        │₩n");

        break;
    case 1:
        printf("    ┌───┐₩n");
        printf("    ●   │₩n");
        printf("        │₩n");
        printf("        │₩n");
        printf("        │₩n");
        printf("        │₩n");

        break;
    case 2:
        printf("    ┌───┐₩n");
        printf("    ●   │₩n");
        printf("  ┌─┼─┐ │₩n");
        printf("        │₩n");
        printf("        │₩n");
        printf("        │₩n");

        break;
    case 3:
        printf("    ┌───┐₩n");
        printf("    ●   │₩n");
```

```
        printf("  ┌┼┐   │₩n");
        printf("   │    │₩n");
        printf("        │₩n");
        printf("        │₩n");

        break;
    case 4:
        printf("   ┌────┐₩n");
        printf("   ●    │₩n");
        printf("  ┌┼┐   │₩n");
        printf("   │    │₩n");
        printf("  ┌┴┐   │₩n");
        printf("        │₩n");

        break;
    default:
        break;
    }
}
int CheckGameOver(char* com,char* p)
{
    if(4==g_step)
    {
        return 1;
    }

    if(0==strcmp(com,p))
    {
        return 1;
    }

    return 0;
}
int main()
{
    char com[MY_WORD_LEN];
    char p[MY_WORD_LEN];


    IniGame(com,p);

    while(1)
    {
```

```
        if(0==InputChar(com,p))
        {
            GoNextStep();
            ShowHangman();
        }

        if(1==CheckGameOver(com,p))
        {
            break;
        }
    }

    return 0;
}
```

04 내공쌓기

1 구조를 만든다.

2 추가 헤더파일을 포함하고, 별명을 만들고, 전역변수를 선언하고 초기화한다.

3 지역변수를 만들고 게임을 초기화한다. 게임초기화는 사전에서 임의로 1개의 단어를 선택하고 그 단어의 수만큼 플레이어의 단어에 '*'로 채운다.

4 사용자로 부터 문자를 입력받아 비교하고 같은 문자가 있으면 처리하고 없으면 맞추지 못했음을 리턴값으로 반환한다.

5 만약 1문자도 맞추지 못한 경우는 교수형을 1단계 진행하고, 현재의 진행 상태를 그림으로 보여 준다.

6 교수형 단계 및 단어의 완성도를 체크하여 게임의 종료를 처리한다.

05

구조공략

1 프로그램을 구성하는 모든 함수를 조사하고 그 기능을 기술하라. 또 각 함수의 리턴값의 의미 및 범위를 조사하고 입력 파라미터도 동일한 방법으로 조사하라.

2 전역변수가 있다면 그 용도와 값의 범위를 조사하라.

3 각 함수의 내부 로직을 간단하게 기술하고 필요한 임시 변수를 기술하고 그 용도를 조사하라.

4 main() 함수를 출발점으로 각 함수 사이의 호출 그래프를 완성하라.

5 자신이 만들어 놓은 설계도를 기반으로 코드를 완성해 보라.

06 확장공략

1 한 단어를 맞추면 그 다음 단어로 넘어가게 구현하라

2 전역변수대신 지역변수를 사용하여 구현하라.

3 예제와는 다른 자신이 생각한 로직으로 구현하라.

M·E·M·O

제2부

Text Graphic 프로그래밍

Quest08 멀티 플랫폼 기반 텍스트 그래픽 라이브러리
Quest09 숫자퍼즐
Quest10 석고반
Quest11 테트리스
Quest12 산성비
Quest13 갤러그

Quest 08

멀티 플랫폼 기반 텍스트 그래픽 라이브러리(MTG)

01

프롤로그

운영체제의 다변화로 윈도우즈 뿐 아니라 유닉스/리눅스 환경에서의 프로그래밍도 일반화 되고 있다. 윈도우즈와 리눅스에서 소스 레벨에서 호환되는 프로그램을 작성하라. 단 프로그램은 텍스트모드 그래픽을 사용하도록 하고 화면의 특정 위치에 눌려진 키값을 출력하도록 하라.

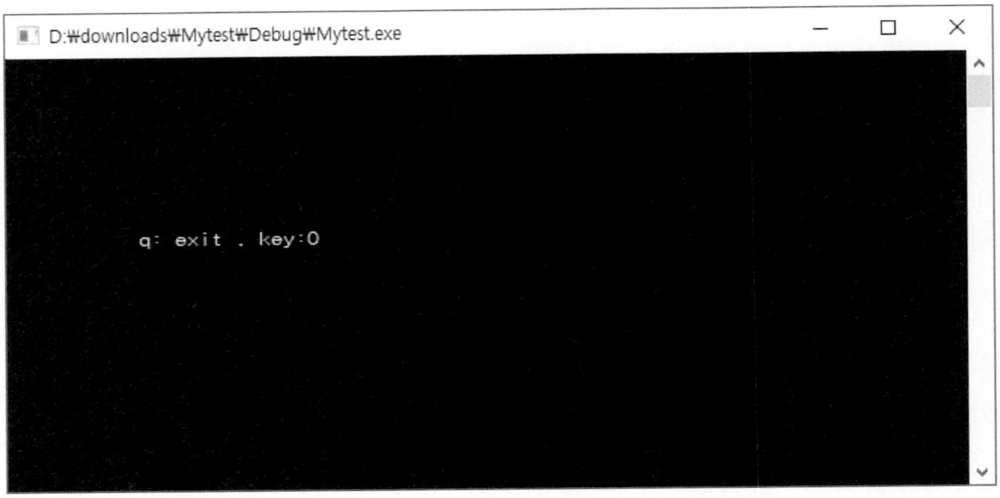

02 기초공략

Item 01 리눅스 개발 환경

Desktop 용의 리눅스 배포 버전은 여러 가지가 있지만 필자는 Ubuntu linux를 중심으로 개발 환경을 구축한다. Ubuntu linux를 사용한 이유는 개인적 취향의 반영이며 다른 리눅스 버전을 사용한다고 해도 무방하다. 리눅스를 설치하는 과정을 언급하는 것은 이 책의 의도와 다르므로 인터넷이나 기타 다른 전문 서적을 참고하기 바란다.

리눅스에서 C를 개발하기 위해 사용하는 환경은 크게 2가지로 나누어 볼 수 있다.

첫째, 전통적인 터미널(텍스트 모드) 환경이다.

여기서는 vi 라는 유명한 에디터와 gcc라는 컴파일러, gdb 라는 디버거를 이용하여 개발을 진행한다. 리눅스를 설치하면 대부분 이 3가지 개발 프로그램은 기본적으로 설치된다.

둘째, 그래픽 중심의 통합 개발환경이다.

리눅스에서 C언어를 개발하기 위해 사용하는 전통적인 통합 환경은 K-Develop 등이 있다. 또 java 기반의 멀티 플랫폼(다중 운영체제)을 지원하는 통합개발 환경도 있는데, 대표적인 예는 Netbeans와 eclipse가 있다. 필자는 Visual Studio와 개발환경이 유사한 Netbeans를 리눅스에서 사용한다. Ubuntu에서 Netbeans를 설치하는 과정은 이 책의 목표를 벗어나기 때문에 인터넷 등을 참고하면 된다.

Tech 01 리눅스 Netbeans에서 프로젝트 만들고 실행하기

01 새로운 프로젝트를 시작한다.

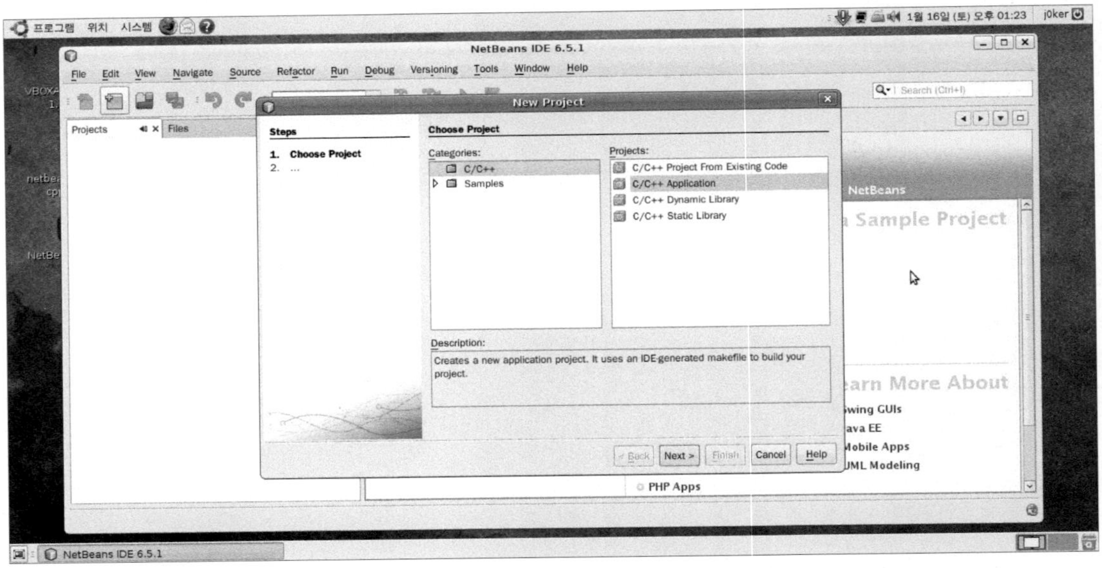

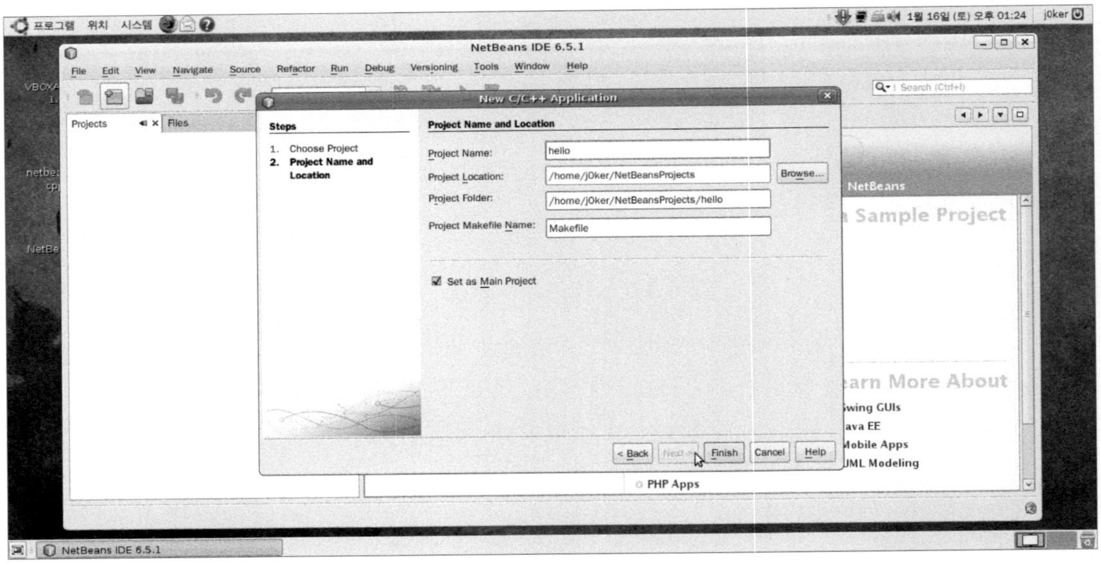

02 코딩을 추가한다.

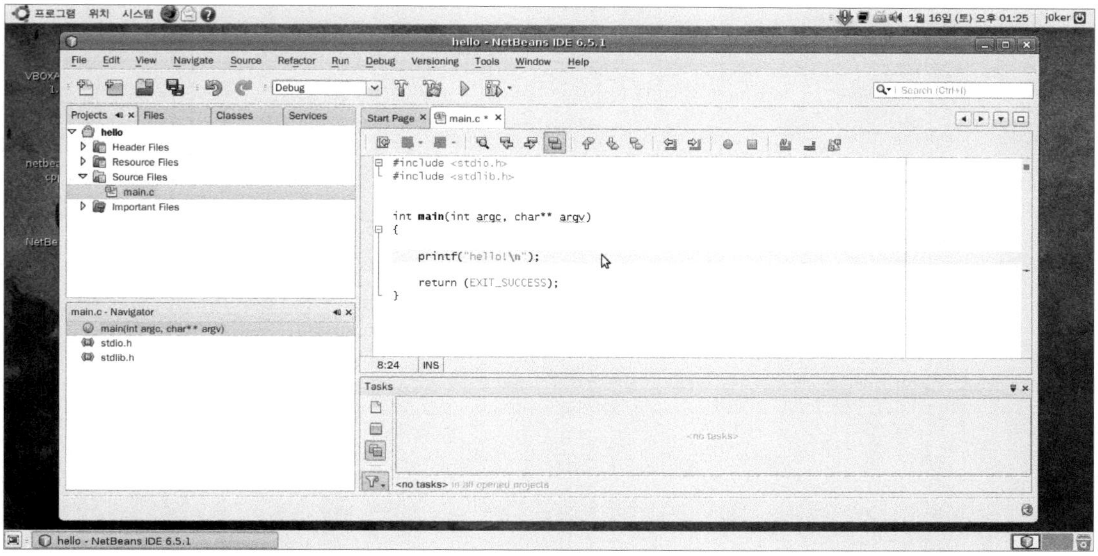

03 컴파일 및 실행한다.

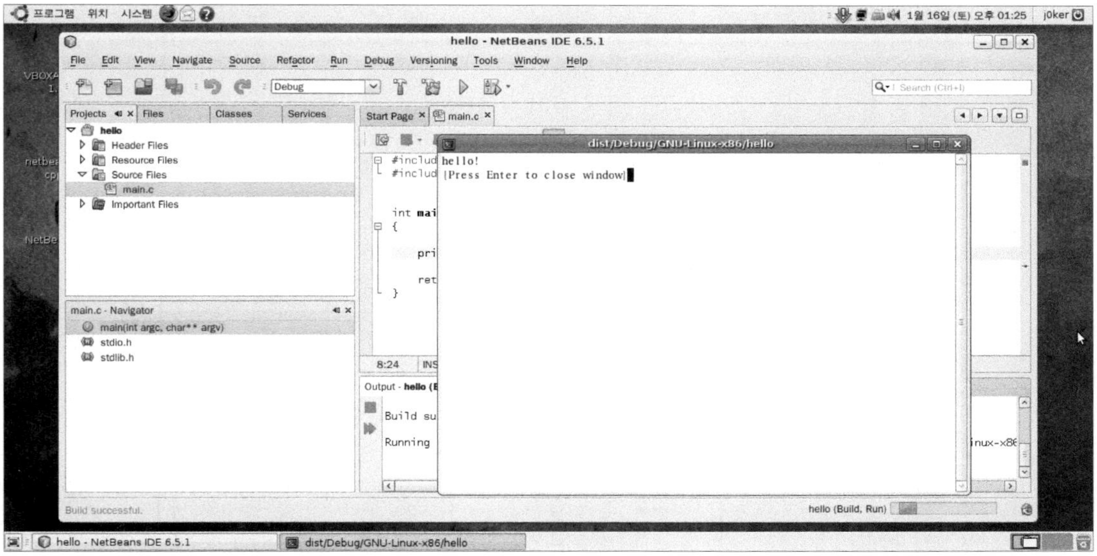

Item 02 서로 다른 운영체제에서 화면출력 함수

처음 C를 배울 때 화면 출력 함수로 printf()를 가장 많이 사용한다. printf() 함수는 윈도우즈나 리눅스에서 그 사용법이 동일하며, 효과도 동일하다. printf() 함수와는 별도로 각각의 운영체제는 자신만의 운영체제에서 화면에 출력하는 함수를 별도로 가지고 있다. 이러한 함수는 운영체제마다 다르며 그 효과도 다르다.

운영체제마다 고유한 출력 함수를 사용하는 이유는 printf()와 같은 단순한 화면 출력이 아닌 다양한 화면 출력 효과를 만들 수 있고, 또 효과적인 출력을 만들 수 있기 때문이다. 이러한 각 운영체제만의 입출력 함수는 다양한 기능을 사용할 수 있지만 해당 운영체제 외에는 사용할 수 없다는 한계점이 있다. 사실 C의 printf() 등의 입출력 함수는 내부적으로 해당 운영체제의 전용 입출력함수로 구현된다고 할 수 있다.

```
C 공용 입출력 함수 ➜ 윈도우 전용 입출력 함수
                  ➜ 리눅스 전용 입출력 함수
```

Item 03 mtg API(다중운영체제 지원 텍스트모드 그래픽 함수)

C언어를 처음 배울 때 화면 처리는 대부분 콘솔(명령창)에서 텍스트 중심으로 하게 된다. 물론 C언어의 내공이 쌓이면 그래픽 윈도우에서 프로그래밍이 가능하다. 그러나 콘솔에서 화면처리는 매우 제한적이며 특별한 효과를 기대하기가 무척 어렵다. 특히 콘솔화면에서 화면을 지우지 않고 커서를 원하는 위치로 이동시켜 문자를 출력하는 것은 성가신 일이다. 이에 가로 80자와 새로 24자(80 x 24)정도의 한 화면 내에서 화면을 지우지 않고 커서의 위치를 자유롭게 이동시켜 출력을 하는 새로운 함수를 정의하고, 이 함수들을 이용하여 화면을 다루는 기법을 소개한다.

새롭게 만들어진 화면 처리 함수들(Multi Platform Text Graphic Application Programming Interface: mtg API)은 텍스트모드에서 가로 80, 세로 24의 화면을 사용하며 리눅스와 윈도우즈에서 함수 이름 변경 없이 동일한 효과를 낼 수 있도록 설계되었다.

mtg의 주된 용도는 C 기초를 배우면서 간단한 텍스트 그래픽으로 게임 등을 만들어 볼 수 있도록 하는 것이다. 대부분의 C에서 사용할 수 있는 GUI 함수들은 운영체제 마다 다르고 복잡하여 초보자가 논리(로직)에만 집중하면서 사용하기가 쉽지 않다. 따라서 운영체제에 상관없이 C의 printf()처럼 동작하는 텍스트 그래픽 함수들을 정의하고 프로그래머는 운영체제에 상관없이 이 함수들만 익혀서 화면을 처리하면 된다. 물론 mtg를 사용하여 화면을 처리할 때는 printf() 등의 전통적인 C의 I/O 함수들을 사용하는 것은 자제하는 것이 좋다.

```
MS-Windows    ➜ mtg API  ➜ Windows Console I/O API
Ubuntu Linux  ➜ mtg API  ➜ Linux Console I/O API
```

참고로 mtg 라이브러리는 개발자가 원하면 얼마든지 기능을 변형하거나 추가할 수 있도록 하기 위해 소스(source) 수준에서 공개 하였다.

mtg는 MS-Windows , Linux, Codingground 등에서 테스트 되었으며, 기본적으로 3개의 모드를 가지고 있다.

모드	설명
#define _MSWINDOWS_	MS Windows에서 Visual Studio를 사용할 때 사용
#define _LINUX_	Linx(curses 라이브러리 필요), 클라우드에서 사용
#define _LINUX1_	Linx , 클라우드에서 사용 (추가 라이브러리 필요 없음)

모드에 따라 지원되는 함수가 다르기 때문에 모든 플랫폼에서 소스 변경 없이 동일하게 동작하는 프로그램을 만들려고 하면 공통 API(함수)만을 사용하는 것이 좋다. 모드별 지원되는 자세한 API 함수는 라이브러리에 첨부되어 있는 문서를 참조하면 된다. 모든 모드에서 지원되는 함수 목록은 아래와 같다.

```
void _BeginWindow()
void _EndWindow()
void _DrawText(int x,int y,char* msg)
void _Invalidate()
char _GetKey()
long _GetTickCount()
void _Delay(int time)
void _MessageBox(int x,int y,int w,int h,char* msg) <= _LINUX1_ 모드는 지원 없음.
```

Item 04 mtg 프로그래밍의 기본 골격 구조

mtg를 이용하여 프로그래밍하기 위해서는 프로그램이 아래와 같은 기본 골격 구조를 가지고 있어야 한다. 즉 main( ) 함수 이외에 void Draw( ) 함수가 꼭 선언되어 있어야 하며 기본 include 파일 이외에 "mtg.h" 파일을 꼭 include 해야 한다. 그리고 프로젝트 루트폴더에 mtg.h와 mtg.c 파일이 꼭 있어야 한다.

```
#include <stdio.h>
#include <stdlib.h>
#include "mtg.h"     //꼭 필요

void Draw()          //꼭 필요, 함수 이름 변경 불가
```

```
{
    //화면에 출력한 내용을 여기에 코딩함.
}

int main()
{

    return 0;
}
```

Draw( ) 함수는 mtg.h에는 원형이 선언되어 있지만 실제 본체는 없다. Draw( ) 함수는 프로젝트에서 화면처리를 전적으로 책임지는 화면 출력용 전용 함수로 mtg API내부에서 화면 처리가 필요하면 자동으로 호출되는 중요한 함수이다. 만약 mtg를 사용할 때 Draw( ) 함수를 선언하지 않으면 컴파일 시에 에러가 발생한다.

Item 05 mtg에서 텍스트 그래픽 초기화

mtg에서 일반 프로그래머가 사용할 수 있는 함수는 모두 "_"로 함수이름이 시작된다. mtg를 사용하기 위해서는 텍스트(text) 그래픽을 초기화하는 과정이 필요하다. 텍스트 그래픽을 시작하기 위해서는 _BeginWindow( )를, 해제하기 위해서는 _EndWindow( )를 사용한다.

```
#include <stdio.h>
#include <stdlib.h>
#include "mtg.h"

void Draw( )
{

}
int main()
{
    _BeginWindow( ); //운영체제별 TextGraphic을 초기화한다.

    ... //여기에 로직을 삽입하면 된다.

    _EndWindow( ); //초기화된 Text Graphic 모드를 원 상태로 되돌린다.
}
```

Item 06 mtg에서 화면 출력

mtg로 화면을 처리할 때는 기본적으로 printf( ) 등의 I/O 함수를 사용하지 않고, _DrawText( ) 함수만 사용하여야 한다. mtg에서는 화면을 80 x 24개의 점으로 사용한다는 것을 기억해야 한다.

아래 예제는 temp에 있는 문자열을 화면의(10,20) 위치에 출력시키는 예제이다. 이때 특히 주의해야 하는 것은 출력될 문자열의 길이가 화면의 오른쪽 최대위치(80)를 넘지 않도록 주의해야 한다. 만약 출력할 x좌표에서부터 출력할 문자열의 길이가 80을 넘으면 화면은 비정상적으로 출력될 것이다.

```
//_DrawText(int x,int y, char* msg)
//x: x의 위치 , y: y의 위치 , msg:출력할 내용의 문자열 주소

void Draw()
{
    char temp[80];

    sprintf(temp,"haha");

    _DrawText(10,20,temp); //x:10 y:20 위치에 "haha"를 출력
}
```

Item 07 중앙 집중적 화면처리

mtg에서 화면 출력하는 _DrawText( ) 함수는 그래픽이 초기화 된 이후에는 어디에서든 사용이 가능하다. 그러나 로직의 효율을 위해서 mtg는 기본적으로 void Draw( ) 함수나 이 함수에서 호출한 서브 함수에서만 사용하도록 프로그래밍 하는 것이 좋다. 이러한 방법으로 화면 처리하는 방법론을 필자는 중앙 집중적 화면 처리라고 부른다. 중앙 집중적 화면 처리는 mtg에서만 사용되는 방식이 아니라, 현대 GUI 프로그래밍에서 넓게 사용되는 중요한 기법이므로 꼭 이해하는 것이 필요하다.

중앙 집중적 화면 처리의 절차는 다음과 같다.

1단계 화면 출력이 필요한 자료 변수를 전역에 선언하고 초기화한다.

```
int g_data=3;
```

2단계 전용화면 출력함수 Draw()에 위에서 선언한 변수를 화면에 출력한다.

```
int g_data=3;

void Draw( )
{
    char temp[80];

    sprintf(temp,"score:%d",g_data);
    _DrawText(10,12,temp);
}
```

3단계 필요한 시점에 선언된 변수를 변경하고 _Invalidate() 함수를 호출한다. 이 함수는 내부적으로 기존 화면을 모두 지운 후 Draw() 함수를 호출하여 화면에 새로운 출력을 하게 된다. 여기서 특히 주의해야 하는 것은 화면을 다시 그릴 필요가 있을 경우 Draw() 함수를 직접 호출하지 말고 꼭 _Invalidate()를 호출하라는 것이다.

```
int g_data=3;

void Draw( )
{
    char temp[80];

    sprintf(temp,"score:%d",g_data);
    _DrawText(10,12,temp);
}

void main()
{
        _BeginWindow();
    ...
    g_data=7;    //화면에 출력할 값을 설정.
    _Invalidate( ); //Draw( ) 함수를 간접적으로 호출
    ...
        _EndWindow();

}
```

이러한 전용출력함수를 두고 Draw()에서만 화면을 출력하는 중앙 집중적 화면처리방식은 어떤 면에서는 답답함이 많을 수 있지만 GUI 방식의 시스템에서는 모두 이 방식을 채택하고 있다. 이유는 화면을 전문적으로 처리하는 함수를 둠으로써 코딩의 복잡함을 줄이고 효율성을 높일 수 있기 때문이

다. 우리도 이러한 방식으로만 화면을 처리할 것이다. 따라서 특히 주의해야 하는 것은 가능하다면 Draw() 함수나 이 함수에서 호출하는 서브함수 이외에서는 _DrawText() 함수를 호출하면 안된다는 것이다.

다시 한 번 강조하지만 mtg의 화면 처리 방식은 다음과 같다.

> **1단계,** 화면을 그릴 자료 구조 선언(전역변수) 및 초기화
> **2단계,** 화면을 그리는 전용함수를 선언하고 화면을 그림(void Draw())
> **3단계,** 프로그램의 어디에서든 화면을 표시하는 변수의 값을 변경하고 화면이 다시 그려져야 한다면 _Invalidate() 함수 호출

Item 08 반복문의 continue

반복문의 중간에서 강제적 흐름을제어하는 명령어는 break와 continue가 있다. break를 만나면 자신을 호출했던 가장 가까운 반복문을 정지하고 다음 단계로 가게 된다면, continue가 반복문에서 호출되면 continue가 호출된 이후의 문장들은 무시되고 반복문의 다음 단계로 가서 진행하게 된다.

```
for(i=0;i<100;i++)
{
    ①

    if(조건)
    {
        continue;
    }

    ②
}
```

위의 문법에서 ①이 실행된 후 조건이 만족하여 continue를 만나면 ②는 실행되지 못하고 다음번 i 조건으로 문장이 실행된다. 아래 예제에서도 ①을 실행한 후 조건이 만족되면 ②는 실행되지 않고 다시 while 문의 처음으로 돌아가서 ①부터 실행하게 된다.

```
while(1)
{
    ①
```

```
    if(조건)
    {
       continue;
    }

    ②

}
```

Item 09 mtg에서 키보드로 입력 처리

mtg에서 사용자로부터 키 입력을 받고 싶으면 _GetKey() 함수를 호출하면 된다. 입력된 키값은 char 형 변수로 받으면 된다. 그 결과가 -1 이면 아무런 키 입력이 없었다는 뜻이고, 그 외의 값이면 각 키 입력이 있었음을 의미한다. 주의해야 하는 것은 각 운영체제 마다 동일한 키에 대한 그 값이 다르다는 것이다. 따라서 각 운영체제 마다 해당 키를 확인하는 것이 중요하다. _GetKey()는 함수가 호출되었을 때 키보드에서 눌려진 키값을 확인하고 그 결과 값은 기다림 없이 바로 리턴한다.

```
char key;

key=_GetKey(); //키 입력이 있던 없던 바로 실행되고 다음 단계로 간다.
if(-1==key)
{
   //아무런 키도 눌리지 않았음.
}
else if( 'q'==key)
{
   //‘q' 키가 눌림
}
else
{
   //기타 키가 눌림
}
```

Item 10 게임을 위한 기본적인 프레임 워크

mtg를 사용한 게임을 위한 기본적인 프레임 워크는 아래와 같이 된다. 기본적으로 main() 함수는 mtg 그래픽 엔진을 초기화 한 후 RunGame() 함수를 호출한다. RunGame() 함수는 RunIni() 함수를 호출하여 프로그램에서 전체적으로 초기화 할 내용이 있으면 여기서 초기화하고 Draw() 함수를 1회 호출한다. 이후 키보드의 입력을 계속 체크하고 있다가 'q' 키가 입력되면 RunGame() 함수를 종료하고 mtg 그래픽 엔진을 소거하고 프로그램이 종료 된다.

```
#include <stdio.h>
#include <stdlib.h>
#include <time.h>

#include "mtg.h"
//게임 화면 처리를 위한 전역변수선언

void Draw()
{
	//화면을 위한 전역변수 출력
}
void RunIni()
{
	//자료구조의 초기화가 필요하면 여기에서

	_Invaliate();
}
void RunGame()
{
    char k;

       RunIni();
    while(1)
    {
        k=_GetKey(); //키 입력 여부 체크
        if(-1==k) //아무 입력이 없으므로 다시 키 입력을 기다림
                {
           continue;
                }

        if('q'==k) //'q'키는 프로그램을 종료하라는 의미로 해석
                {
           break;
                }
    }
}
int main()
{
    _BeginWindow(); //mtg 초기화
    RunGame();
```

```
    _EndWindow( ); //mtg 종료
    return 0;
}
```

Tech 02 MS-Windows에서 mtg사용하기1(Visual Studio 2017 기준)

01 관련된 소스를 해당 출판사 자료실에서 다운로드 받는다.

02 다운로드 받은 자료의 VS2017 폴더로 이동하여, Mytest.sln 파일을 더블클릭해서 열거나, VS2017에서 열기 ➜ 프로젝트를 선택해서 해당 파일을 선택한다.

03 빌드(F7)하고 실행(Ctrl+F5)한다.

Tech 03 MS-Windows에서 mtg사용하기2(Visual Studio 2017 기준)

01 관련된 소스를 해당 출판사 자료실에서 다운로드 받는다.

02 메뉴에서 File ➜ 새로 만들기 ➜ 프로젝트 ➜ CLR 빈 프로젝트 유형을 선택하고 프로젝트 이름을 Mytest로 설정한다.

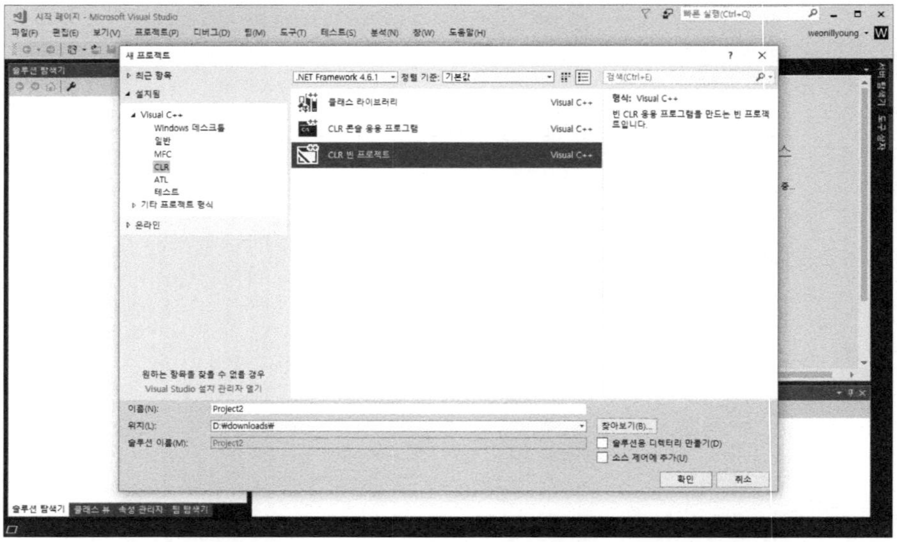

03 라이브러리 원본 폴더에서 mtg.c, mtg.h, main.c 파일을 프로젝트 폴더에 복사한다.

04 프로젝트 ➜ 기존항목 추가를 선택하고 3개의 파일을 동시에 선택한다.

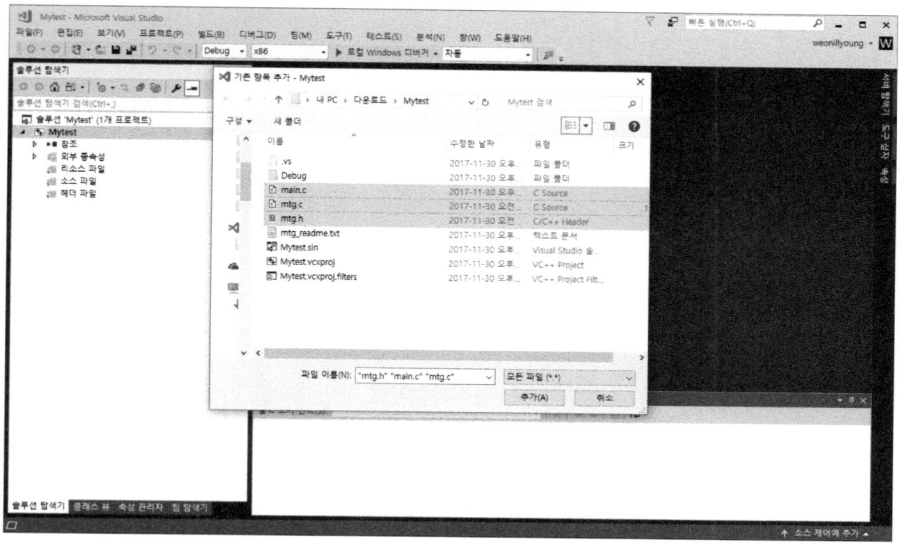

05 프로젝트 ➜ 속성 ➜ 구성 속성 ➜ 일반에서 문자집합을 “설정 안 함”으로 , 공용 언어 런타임 지원을 “공용 언어 런타임 지원 안 함”으로 변경한다.

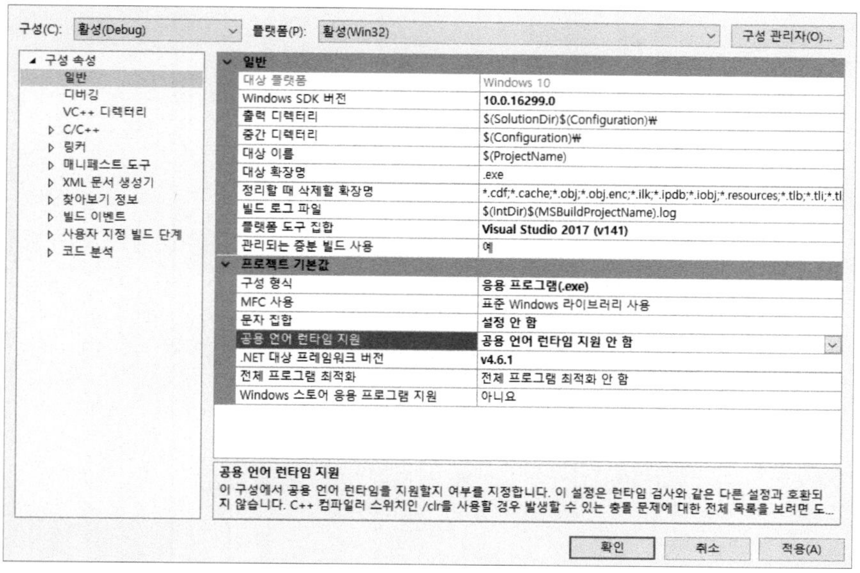

06 mtg.h 파일을 열어 mtg 모드를 “MS-windows” 모드로 변경한다.

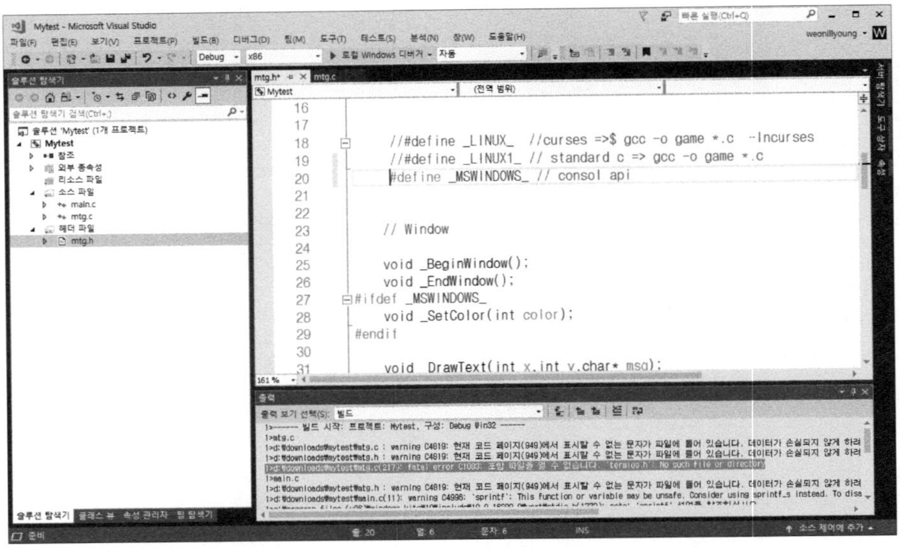

07 빌드(F7)하고 실행(Ctrl+F5)한다.

Tech 04 Linux에서 mtg 사용하기(Linux 터미널 사용)

01 프로젝트를 진행할 폴더를 만들고 mtg.h , mtg.c , main.c 파일을 해당 프로젝트 폴더로 이동시킨다.

02 편집기를 이용하여 mtg.h 파일을 열어 운영 모드를 결정한다. Linux 에서는 2개의 모드가 지원되는데, _LINUX_ 는 약간 부드러운 화면 처리와, 공통 API외에 추가되는 API를 지원하며, _LINUX1_ 모드는 표준 모드로, 화면에 커서가 남아 있어 미간이 상대적으로 좋지 못하다. 그러나 초보일 때는 _LINUX1_ 모드를 권장한다.

03 프로그램을 컴파일한다.

LINUX1 모드일 경우 컴파일해서 game라는 실행 파일을 만든다.

```
$ gcc -o game *.c
```

LINUX 모드일 경우는 curses 라는 화면제어 라이브러리를 설치해야 컴파일이 된다.

```
$ sudo  yum install ncurses-deve  <= centos 경우
```

```
$ sudo  apt-get install ncurses-dev  <= ubuntu  경우
$ gcc -o game *.c -lncurses
```

04 만들어진 실행 파일을 실행한다. 종료는 "q"키를 화면에 입력하면 된다.

```
$ ./game
```

Tech 05 클라우드에서 mtg 사용하기 (CodingGround 기준)

01 Codingground 에 접속한다.(https://www.tutorialspoint.com/online_c_compiler.php)

02 Project ➜ Upload project를 선택하고 라이브러리에 있는 cloudmtg.tar.gz 파일을 선택한다.

03 mtg.h 파일을 열어 mtg 모드를 지정한다. 기본적으로는 _LINUX1_ 모드는 추가로 설치한 라이브러리가 필요 없어 바로 컴파일 가능 하지만, _LINUX_ 모드를 선택하는 경우는 추가의 옵션 지정이 필요하다.

04 모드가 _LINUX_일 경우만 수행
Project ➜ Compile Option을 선택하고 Compilation Command에 "-lncurses"를 추가해 준다.

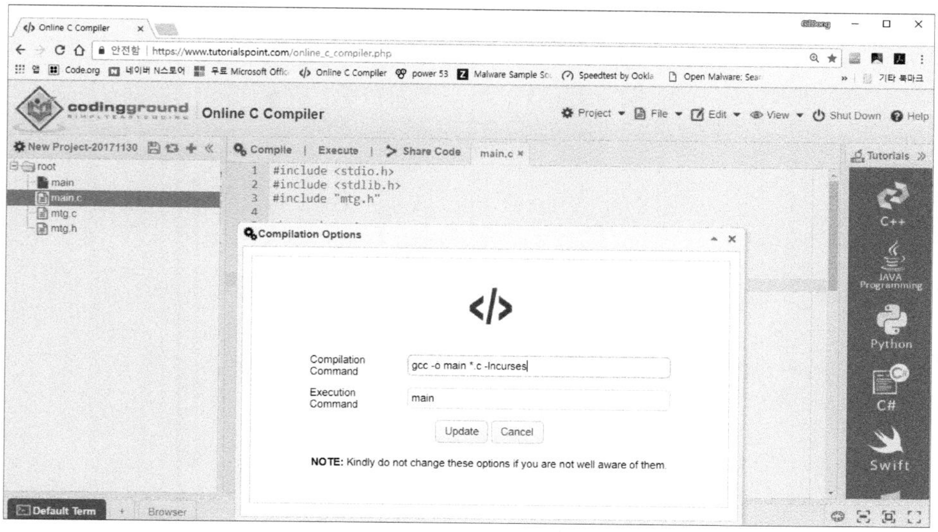

05 Compile하고 Execute한다.(클라우드에서는 부드러운 화면 처리를 위해 _LINUX_ 모드를 선택해도 추가의 라이브러리 설치가 별요 없음으로 적극 권장한다.)

03 코딩공략

01 mtg를 이용하여 게임의 기본 구조를 만든다.

```
#include <stdio.h>
#include <stdlib.h>
#include <time.h>

#include "mtg.h"

void Draw()
{

}
void RunIni()
{

    _Invalidate();
}
void RunGame()
{
    char k;

    RunIni();
    while(1)
    {
        k=_GetKey();
        if(-1==k) //아무 입력이 없으므로 다시 키 입력을 기다림
            continue;

        if('q'==k) //'q'키는 프로그램을 종료하라는 의미로 해석
            break;


    }
}
int main()
{
```

```
    _BeginWindow();
    RunGame();
    _EndWindow();

    return 0;
}
```

02 키로그를 위한 변수를 준비하고 출력한다.

```
#include <stdio.h>
#include <stdlib.h>
#include <time.h>

#include "mtg.h"

int g_k=-1;
void Draw()
{
    char temp[80];

    sprintf(temp,"key:%d",g_k);
    _DrawText(10,10,temp);
}
void RunIni()
{
    _Invalidate();
}
void RunGame()
{
    char k;

    RunIni();
    while(1)
    {
        k=_GetKey();
        if(-1==k) //아무 입력이 없으므로 다시 키 입력을 기다림
            continue;

        if('q'==k) //'q'키는 프로그램을 종료하라는 의미로 해석
            break;
```

```
    }
}
int main()
{

    _BeginWindow();
    RunGame();
    _EndWindow();

    return 0;
}
```

03 키가 눌려질 때 마다 키값을 업데이트하고 화면을 다시 그린다.

```
#include <stdio.h>
#include <stdlib.h>
#include <time.h>

#include "mtg.h"

int g_k=-1;
void Draw()
{
    char temp[80];

    sprintf(temp,"key:%d",g_k);
    _DrawText(10,10,temp);
}
void RunIni()
{
    _Invalidate();
}
void RunGame()
{
    char k;

    RunIni();
    while(1)
    {
        k=_GetKey();
        if(-1==k) //아무 입력이 없으므로 다시 키 입력을 기다림
            continue;
```

```
        if('q'==k) //'q'키는 프로그램을 종료하라는 의미로 해석
            break;
        g_k=k;
        _Invalidate(); //Draw() 함수를 호출하여 화면을 그린다.
    }
}
int main()
{
    char k;

    _BeginWindow();
    RunGame();
    _EndWindow();

    return 0;
}
```

완성된 소스

```
#include <stdio.h>
#include <stdlib.h>
#include <time.h>

#include "mtg.h"

int g_k=-1;
void Draw()
{
    char temp[80];

    sprintf(temp,"key:%d",g_k);
    _DrawText(10,10,temp);
}
void RunIni()
{
    _Invalidate();
}
void RunGame()
{
    char k;
```

```
    RunIni();
    while(1)
    {
        k=_GetKey();
        if(-1==k) //아무 입력이 없으므로 다시 키 입력을 기다림
            continue;

        if('q'==k) //'q'키는 프로그램을 종료하라는 의미로 해석
            break;
        g_k=k;
        _Invalidate(); //Draw() 함수를 호출하여 화면을 그린다.
    }
}
int main()
{
    char k;

    _BeginWindow();
    RunGame();
    _EndWindow();

    return 0;
}
```

04 내공쌓기

1 MTG를 이용하여 게임을 위한 기본 구조를 만든다.

2 키로그를 위한 변수를 준비하고 출력한다.

3 키가 눌려질 때 마다 키값을 업데이트하고 화면을 다시 그린다.

M·E·M·O

Quest 09

숫자퍼즐

01 프롤로그

숫자퍼즐은 3 x 3의 격자 속에 1에서 9까지의 숫자가 들어 있고 이중 9는 공백으로(*) 처리한다. 게임이 시작되면 숫자를 임의로 섞게 되고, 플레이어는 키보드의 4 방향키를 이용하여 왼쪽 상단에서부터 숫자가 차례로 배열 되도록 하면 게임이 종료되게 된다.

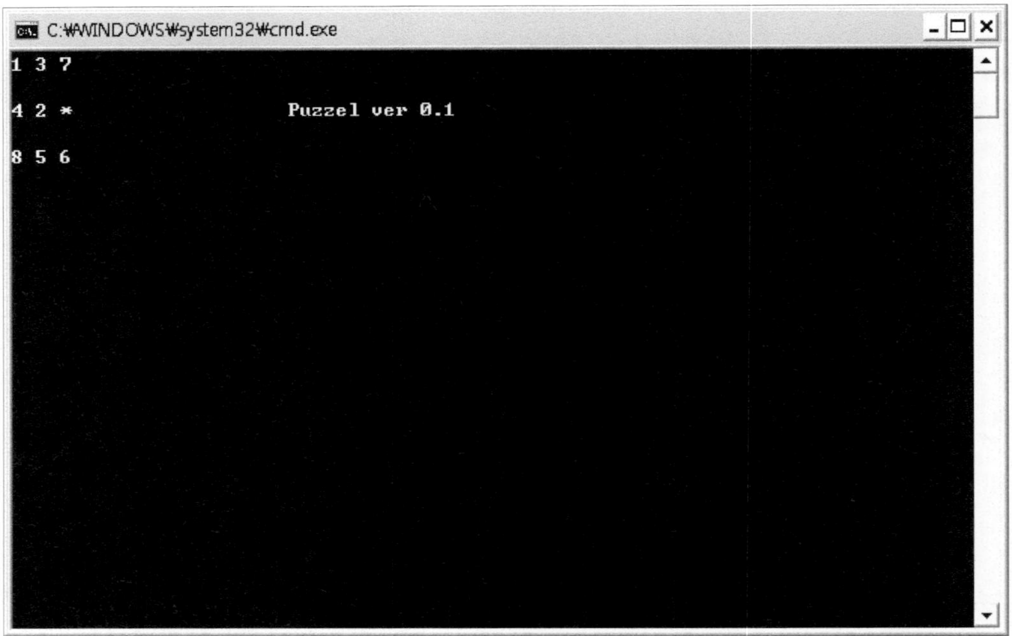

02 기초공략

Item 01 숫자를 다루는 2차원 배열

우리는 일상생활에서 표를 많이 사용한다. 아래에는 가로 3칸, 세로 4칸의 전형적인 표를 표시하였다.

1	2	3	4
5	6	7	8
9	10	11	12

이러한 현실세계의 표 구조는 C언어에서 2차원 배열로 표현된다.
위의 표를 배열로 선언하면 다음과 같다.

```
int data[세로칸수][가로칸수];
int data[y의 수][x의 수];

int data[3][3]; //3 x 3 의 배열 선언

int data[3][4]={ {1,2,3,4},{5,6,7,8},{9,10,11,12}}; //각각의 요소에 데이터를 초기화
```

각 칸의 index는 아래와 같다. 특히 C에서는 0 기반의 index를 사용한다는 점과 y 인덱스를 먼저 사용한다는 점에 특히 유의해야 한다. 예를 들어 2열 3행은 data[2][1]로 표시된다.

1 data[0][0]	2 data[0][1]	3 data[0][2]	4 data[0][3]
5 data[1][0]	6 data[1][1]	7 data[1][2]	8 data[1][3]
9 data[2][0]	10 data[2][1]	11 data[2][2]	12 data[2][3]

부연하면 배열변수 data는 행(가로) 3줄과 열(세로) 4칸으로 구성되어 있는 2차원 배열(표)을 메모리 공간에 만들게 된다. 가로와 세로의 배열 인덱스로 가로는 0~2, 세로는 0~3이 된다. 다시 한 번 강조하지만 C 언어는 배열변수를 선언할 때 [y][x] 형태를 사용한다. 특히 선언에서는 y, x의 크기를 써주고 사용 시에는 0 기반의 index를 사용한다는 점을 잊지 말자.

2차원 배열변수의 값을 초기화하는 방법은 2가지가 있다. 첫째는 선언과 동시에 모든 요소를 초기화하는 방법이다. 두 번째 방법은 각각의 요소마다 필요한 시점에 값을 대입하는 방법이다.

```
//선언과 동시에 초기화
int data[2][3]={ {1,2,3},{4,5,6}};

//필요한 시점에 초기화
int data[2][3];
...
data[0][2]=3;
```

이 두 가지 방법은 각각 사용처가 다르며, 경우에 따라서 적절하게 선택하면 된다.

Item 02 mtg에서 메시지박스 사용하기

메시지박스는 프로그램이 사용자에게 어떤 일이 발생했음을 알리는 중요한 수단이다. mtg는 화면의 특정 위치에 특정 크기의 메시지박스를 출력하는 함수를 지원한다. 메시지박스가 화면에 출력되면 사용자로부터 키입력(어떤 키도 무관함)을 받은 후 화면에서 사라지게 된다. 사용 형식은 아래와 같다.

```
_MessageBox(화면 x위치, 화면 y위치, 메시지박스 가로의 길이, 메시지박스 세로의 길이, 출력할 내용)

_MessageBox(3,5,30,10,"Hello");  //화면 (3,5) 위치에 30 x 10 크기의 박스에 "Hello" 내용 출력
```

Item 03 숫자퍼즐의 자료 구조와 위치 이동

3 x 3의 숫자퍼즐은 2차원 배열(3 x 3)로 대응시키면 된다. 각 칸을 1에서부터 9까지 값으로 표시하며, 9는 특별히 공백으로 취급한다. mtg에서는 마우스를 사용하지 않고 키보드만 사용하기 때문에 숫자퍼즐에서 키 사용은 아래와 같이 정의한다.

1	2	3
4	5	6
8	7	9(공백)

- 왼쪽 방향키 :공백을 중심으로 왼쪽 버튼이 눌려짐. 공백을 왼쪽으로 움직임(위의 경우는 7, 9의 값을 바꿈)
- 오른쪽 방향키: 공백을 중심으로 오른쪽 버튼이 눌려짐(위의 경우 의미 없음). 공백을 오른쪽으로 움직임(위의 경우는 움직임 불가)
- 위쪽 방향키: 공백을 중심으로 위쪽 버튼이 눌려짐. 공백을 위쪽으로 움직임(위의 경우는 6,9의 값을 바꿈)
- 아래쪽 방향키: 공백을 중심으로 아래쪽 버튼이 눌려짐(위의 경우 의미 없음). 공백을 아래쪽으로 움직임(위의 경우는 움직임 불가)

위치의 이동은 2차원 배열에서 해당 위치의 값을 이동하면 움직임이 처리된다.

Item 04 이동이 가능한가를 체크하는 로직

특정 위치에서 특정 위치로 퍼즐을 옮기고자 할 때, 이것이 가능한지를 체크하는 로직은 아래와 같다. 가고자하는 곳이 퍼즐의 크기를 넘어 가면 목표하는 위치로는 가는 것이 불가능하다. 만약 움직일 수 있다면 움직이고 나서 출발점의 위치와 공백의 위치를 서로 변경하면 된다.

```
int Move(int sx,int sy,int dx,int dy)
{
    //왼쪽 , 위쪽을 넘어 가면 에러
    if(sx < 0 || sy < 0 || dx < 0 || dy < 0)
    {
        return -1;
    }

    //오른쪽, 아래쪽 경계를 넘어가면 에러
    if(MY_SIZE <= sx || MY_SIZE <= sy || MY_SIZE <=dx || MY_SIZE <= dy)
    {
        return -1;
    }

    if(MY_BLANK == g_data[dy][dx])
    {
        g_data[dy][dx]=g_data[sy][sx];
        g_data[sy][sx]=MY_BLANK;
        return 0;
    }
```

```
    return -1;
}
```

Item 05 퍼즐 숫자 섞기

퍼즐의 숫자를 임으로 섞으면 풀리지 않는 숫자의 조합이 발생할 수 있다. 따라서 꼭 풀 수 있는 숫자의 조합이 필요하다. 이것을 가능하게 하는 가장 쉬운 방법은 처음에 완성된 숫자 조합에서 공백의 위치를 임의로 움직여 섞는 방법을 사용하면 된다. 아래에 대략적인 로직을 기술하였다.

```
for( 섞을 회수만큼 반복)
{
     공백 위치를 중심으로 4 방향중 임의의 방향 1개를 설정한다.

     if(선택된 위치에서 공백 방향으로 움직일 수 있는가)
          {
               공백의 위치를 update한다.
          }
}
```

Item 06 숫자퍼즐에서 게임종료 체크하기

숫자퍼즐에서 게임종료를 체크하는 방법은 2차원 배열을 순차적으로 검색해서 1~9 까지 숫자가 차례로 들어 있으면 게임이 끝난 것으로, 그렇지 않으면 게임이 아직 끝나지 않았음을 의미한다. 이 로직을 C로 표현하면 아래와 같다.

```
int CheckGameOver( )
{
    int x,y;
    int a;

    a=1;
    for(y=0;y<3;y++)
    {
        for(x=0;x<3;x++)
        {
```

```
            if(a != g_data[y][x])
            {
                return -1; //게임이 종료되지 않음
            }
            a++;
        }
    }
    return 0;  //게임이 종료됨
}
```

03 코딩공략

01 기본 틀을 준비한다.

```
#include <stdio.h>
#include <stdlib.h>
#include "mtg.h"

//게임의 논리 처리를 위한 전역변수 선언

void Draw( )
{

}
void RunIni( )
{


    _Invalidate( );
}
int RunKey( )
{
    char k;

    k=_GetKey( );
    if(-1==k) return 0;
    if('q'==k)
    {
        return -1;
    }
    else
    {

    }

    _Invalidate( );

    return 0;
```

```
}
void GameMain()
{
    RunIni();
    while(1)
    {
        if(-1==RunKey())
        {
            break;
        }
    }
}
int main()
{
    _BeginWindow();
    GameMain();
    _EndWindow();
    return 0;
}
```

02 기본자료를 선언하고 화면처리를 한다.

```
#include <stdio.h>
#include <stdlib.h>
#include "mtg.h"

#define MY_SIZE      3
#define MY_BLANK  MY_SIZE*MY_SIZE
#define MY_LEFT    75
#define MY_RIGHT  77
#define MY_UP       72
#define MY_DOWN  80

int g_data[MY_SIZE][MY_SIZE]={{1,2,3},{4,5,6},{7,8,9}};
int g_x=MY_SIZE-1;
int g_y=MY_SIZE-1;

void Draw()
{
    int x,y;
    char temp[10];
```

```
    for(y=0;y<MY_SIZE;y++)
    {
        for(x=0;x<MY_SIZE;x++)
        {
            sprintf(temp,"%d",g_data[y][x]);
            if(MY_BLANK==g_data[y][x])
            {
                sprintf(temp,"*");
            }
            _DrawText(x*2,y*2,temp);
        }
    }

    _DrawText(23,2,"Puzzel ver 0.1 ");
}
void RunIni()
{

    _Invalidate();
}
int RunKey()
{
    char k;

    k=_GetKey();
    if(-1==k) return 0;
    if('q'==k)
    {
        return -1;
    }
    else
    {

    }

    _Invalidate();

    return 0;
}
void GameMain()
{
    RunIni();
    while(1)
```

```
    {
        if(-1==RunKey())
        {
            break;
        }
    }
}
int main()
{
    _BeginWindow();
    GameMain();
    _EndWindow();
    return 0;
}
```

03 움직임을 체크하는 보조함수를 만들고 키보드의 4방향 처리를 한다.

```
#include <stdio.h>
#include <stdlib.h>
#include "mtg.h"

#define MY_SIZE    3
#define MY_BLANK MY_SIZE*MY_SIZE
#define MY_LEFT   75
#define MY_RIGHT  77
#define MY_UP     72
#define MY_DOWN   80

int g_data[MY_SIZE][MY_SIZE]={{1,2,3},{4,5,6},{7,8,9}};
int g_x=MY_SIZE-1;
int g_y=MY_SIZE-1;

void Draw()
{
    int x,y;
    char temp[10];

    for(y=0;y<MY_SIZE;y++)
    {
        for(x=0;x<MY_SIZE;x++)
        {
            sprintf(temp,"%d",g_data[y][x]);
```

```
            if(MY_BLANK==g_data[y][x])
            {
                sprintf(temp,"*");
            }
            _DrawText(x*2,y*2,temp);
        }
    }

    _DrawText(23,2,"Puzzel ver 0.1 ");
}
void RunIni()
{

    _Invalidate();
}
int Move(int sx,int sy,int dx,int dy)
{
    if(sx < 0 || sy < 0 || dx < 0 || dy < 0)
    {
        return -1;
    }

    if(MY_SIZE <= sx || MY_SIZE <= sy || MY_SIZE <=dx || MY_SIZE <= dy)
    {
        return -1;

    }

    if(MY_BLANK == g_data[dy][dx])
    {
        g_data[dy][dx]=g_data[sy][sx];
        g_data[sy][sx]=MY_BLANK;
        return 0;
    }

    return -1;
}
int RunKey()
{
    char k;

    k=_GetKey();
    if(-1==k) return 0;
```

```
    if('q'==k)
    {
        return -1;
    }
    else if(MY_LEFT == k)
    {
        if(0 == Move(g_x-1,g_y,g_x,g_y))
        {
            g_x--;
        }
    }
    else if(MY_RIGHT == k)
    {
        if(0 == Move(g_x+1,g_y,g_x,g_y))
        {
            g_x++;
        }
    }
    else if(MY_UP == k)
    {
        if(0 == Move(g_x,g_y-1,g_x,g_y))
        {
            g_y--;
        }
    }
    else if(MY_DOWN == k)
    {
        if(0 == Move(g_x,g_y+1,g_x,g_y))
        {
            g_y++;
        }
    }
    else
    {

    }

    _Invalidate();

    return 0;
}
void GameMain()
{
```

```
    RunIni();
    while(1)
    {
        if(-1==RunKey())
        {
            break;
        }
    }
}
int main()
{
    _BeginWindow();
    GameMain();
    _EndWindow();
    return 0;
}
```

04 초기화 시점에 랜덤시드를 설정하고 숫자를 임의로 섞는 로직을 만든다.

```
#include <stdio.h>
#include <stdlib.h>
#include <time.h>
#include "mtg.h"

#define MY_SIZE    3
#define MY_BLANK MY_SIZE*MY_SIZE
#define MY_LEFT   75
#define MY_RIGHT  77
#define MY_UP     72
#define MY_DOWN   80

int g_data[MY_SIZE][MY_SIZE]={{1,2,3},{4,5,6},{7,8,9}};
int g_x=MY_SIZE-1;
int g_y=MY_SIZE-1;

void Draw()
{
    int x,y;
    char temp[10];

    for(y=0;y<MY_SIZE;y++)
    {
```

```
        for(x=0;x<MY_SIZE;x++)
        {
            sprintf(temp,"%d",g_data[y][x]);
            if(MY_BLANK==g_data[y][x])
            {
                sprintf(temp,"*");
            }
            _DrawText(x*2,y*2,temp);
        }
    }

    _DrawText(23,2,"Puzzel ver 0.1 ");
}
void RunIni()
{
    int dir;
    int i;

    srand(time(NULL));
    for(i=0;i<100;i++)
    {
        dir=rand()%4;
        switch(dir)
        {
        case 0:
            if(0==Move(g_x-1,g_y,g_x,g_y))
            {
                g_x--;
            }
            break;
        case 1:
            if(0==Move(g_x+1,g_y,g_x,g_y))
            {
                g_x++;
            }
            break;
        case 2:
            if(0==Move(g_x,g_y-1,g_x,g_y))
            {
                g_y--;
            }
            break;
        case 3:
```

```
            if(0==Move(g_x,g_y+1,g_x,g_y))
            {
                g_y++;
            }
            break;
        default:
            break;
        }
    }

    _Invalidate();
}
int Move(int sx,int sy,int dx,int dy)
{
    if(sx < 0 || sy < 0 || dx < 0 || dy < 0)
    {
        return -1;
    }

    if(MY_SIZE <= sx || MY_SIZE <= sy || MY_SIZE <=dx || MY_SIZE <= dy)
    {
        return -1;

    }

    if(MY_BLANK == g_data[dy][dx])
    {
        g_data[dy][dx]=g_data[sy][sx];
        g_data[sy][sx]=MY_BLANK;
        return 0;
    }

    return -1;
}
int RunKey()
{
    char k;

    k=_GetKey();
    if(-1==k) return 0;
    if('q'==k)
    {
        return -1;
```

```
    }
    else if(MY_LEFT == k)
    {
        if(0 == Move(g_x-1,g_y,g_x,g_y))
        {
            g_x--;
        }
    }
    else if(MY_RIGHT == k)
    {
        if(0 == Move(g_x+1,g_y,g_x,g_y))
        {
            g_x++;
        }
    }
    else if(MY_UP == k)
    {
        if(0 == Move(g_x,g_y-1,g_x,g_y))
        {
            g_y--;
        }
    }
    else if(MY_DOWN == k)
    {
        if(0 == Move(g_x,g_y+1,g_x,g_y))
        {
            g_y++;
        }
    }
    else
    {

    }

    _Invalidate();

    return 0;
}
void GameMain()
{
    RunIni();
    while(1)
    {
```

```
        if(-1==RunKey())
        {
            break;
        }
    }
}
int main()
{
    _BeginWindow();
    GameMain();
    _EndWindow();
    return 0;
}
```

05 게임 종료를 확인하는 함수를 만들고 게임종료를 체크한다.

```
#include <stdio.h>
#include <stdlib.h>
#include <time.h>
#include "mtg.h"

#define MY_SIZE    3
#define MY_BLANK MY_SIZE*MY_SIZE
#define MY_LEFT   75
#define MY_RIGHT  77
#define MY_UP     72
#define MY_DOWN   80

int g_data[MY_SIZE][MY_SIZE]={{1,2,3},{4,5,6},{7,8,9}};
int g_x=MY_SIZE-1;
int g_y=MY_SIZE-1;

void Draw()
{
    int x,y;
    char temp[10];

    for(y=0;y<MY_SIZE;y++)
    {
        for(x=0;x<MY_SIZE;x++)
        {
            sprintf(temp,"%d",g_data[y][x]);
```

```
            if(MY_BLANK==g_data[y][x])
            {
                sprintf(temp,"*");
            }
            _DrawText(x*2,y*2,temp);
        }
    }

    _DrawText(23,2,"Puzzel ver 0.1 ");
}
void RunIni()
{
    int dir;
    int i;

    srand(time(NULL));
    for(i=0;i<100;i++)
    {
        dir=rand()%4;
        switch(dir)
        {
        case 0:
            if(0==Move(g_x-1,g_y,g_x,g_y))
            {
                g_x--;
            }
            break;
        case 1:
            if(0==Move(g_x+1,g_y,g_x,g_y))
            {
                g_x++;
            }
            break;
        case 2:
            if(0==Move(g_x,g_y-1,g_x,g_y))
            {
                g_y--;
            }
            break;
        case 3:
            if(0==Move(g_x,g_y+1,g_x,g_y))
            {
                g_y++;
```

```
            }
            break;
        default:
            break;
        }
    }
    _Invalidate();
}
int Move(int sx,int sy,int dx,int dy)
{
    if(sx < 0 || sy < 0 || dx < 0 || dy < 0)
    {
        return -1;
    }

    if(MY_SIZE <= sx || MY_SIZE <= sy || MY_SIZE <=dx || MY_SIZE <= dy)
    {
        return -1;

    }

    if(MY_BLANK == g_data[dy][dx])
    {
        g_data[dy][dx]=g_data[sy][sx];
        g_data[sy][sx]=MY_BLANK;
        return 0;
    }

    return -1;
}
int CheckGameOver()
{
    int x,y;
    int a;

    a=1;
    for(y=0;y<MY_SIZE;y++)
    {
        for(x=0;x<MY_SIZE;x++)
        {
            if(a != g_data[y][x])
            {
                return -1;
```

```
            }
            a++;
        }
    }
    return 0;
}
int RunKey()
{
    char k;

    k=_GetKey();
    if(-1==k) return 0;
    if('q'==k)
    {
        return -1;
    }
    else if(MY_LEFT == k)
    {
        if(0 == Move(g_x-1,g_y,g_x,g_y))
        {
            g_x--;
        }
    }
    else if(MY_RIGHT == k)
    {
        if(0 == Move(g_x+1,g_y,g_x,g_y))
        {
            g_x++;
        }
    }
    else if(MY_UP == k)
    {
        if(0 == Move(g_x,g_y-1,g_x,g_y))
        {
            g_y--;
        }
    }
    else if(MY_DOWN == k)
    {
        if(0 == Move(g_x,g_y+1,g_x,g_y))
        {
            g_y++;
        }
```

```
    }
    else
    {

    }

    if(0==CheckGameOver( ))
    {
        _Invalidate( );
        _MessageBox(10,10,30,5,"Game Over!");
    }

    _Invalidate();

    return 0;
}
void GameMain()
{
    RunIni();
    while(1)
    {
        if(-1==RunKey())
        {
            break;
        }
    }
}
int main()
{
    _BeginWindow();
    GameMain();
    _EndWindow();
    return 0;
}
```

완성된 소스

```
#include <stdio.h>
#include <stdlib.h>
#include <time.h>
#include "mtg.h"
```

```
#define MY_SIZE    3
#define MY_BLANK MY_SIZE*MY_SIZE
#define MY_LEFT   75
#define MY_RIGHT  77
#define MY_UP     72
#define MY_DOWN   80

int g_data[MY_SIZE][MY_SIZE]={{1,2,3},{4,5,6},{7,8,9}};
int g_x=MY_SIZE-1;
int g_y=MY_SIZE-1;

void Draw()
{
    int x,y;
    char temp[10];

    for(y=0;y<MY_SIZE;y++)
    {
        for(x=0;x<MY_SIZE;x++)
        {
            sprintf(temp,"%d",g_data[y][x]);
            if(MY_BLANK==g_data[y][x])
            {
                sprintf(temp,"*");
            }
            _DrawText(x*2,y*2,temp);
        }
    }

    _DrawText(23,2,"Puzzel ver 0.1 ");
}
void RunIni()
{
    int dir;
    int i;

    srand(time(NULL));
    for(i=0;i<100;i++)
    {
        dir=rand()%4;
        switch(dir)
        {
```

```
        case 0:
            if(0==Move(g_x-1,g_y,g_x,g_y))
            {
                g_x--;
            }
            break;
        case 1:
            if(0==Move(g_x+1,g_y,g_x,g_y))
            {
                g_x++;
            }
            break;
        case 2:
            if(0==Move(g_x,g_y-1,g_x,g_y))
            {
                g_y--;
            }
            break;
        case 3:
            if(0==Move(g_x,g_y+1,g_x,g_y))
            {
                g_y++;
            }
            break;
        default:
            break;
        }
    }

    _Invalidate();
}
int Move(int sx,int sy,int dx,int dy)
{
    if(sx < 0 || sy < 0 || dx < 0 || dy < 0)
    {
        return -1;
    }

    if(MY_SIZE <= sx || MY_SIZE <= sy || MY_SIZE <=dx || MY_SIZE <= dy)
    {
        return -1;

    }
```

```
    if(MY_BLANK == g_data[dy][dx])
    {
        g_data[dy][dx]=g_data[sy][sx];
        g_data[sy][sx]=MY_BLANK;
        return 0;
    }

    return -1;
}
int CheckGameOver()
{
    int x,y;
    int a;

    a=1;
    for(y=0;y<MY_SIZE;y++)
    {
        for(x=0;x<MY_SIZE;x++)
        {
            if(a != g_data[y][x])
            {
                return -1;
            }
            a++;
        }
    }
    return 0;
}
int RunKey()
{
    char k;

    k=_GetKey();
    if(-1==k) return 0;
    if('q'==k)
    {
        return -1;
    }
    else if(MY_LEFT == k)
    {
        if(0 == Move(g_x-1,g_y,g_x,g_y))
        {
```

```
            g_x--;
        }
    }
    else if(MY_RIGHT == k)
    {
        if(0 == Move(g_x+1,g_y,g_x,g_y))
        {
            g_x++;
        }
    }
    else if(MY_UP == k)
    {
        if(0 == Move(g_x,g_y-1,g_x,g_y))
        {
            g_y--;
        }
    }
    else if(MY_DOWN == k)
    {
        if(0 == Move(g_x,g_y+1,g_x,g_y))
        {
            g_y++;
        }
    }
    else
    {

    }

    if(0==CheckGameOver())
    {
        _Invalidate();
        _MessageBox(10,10,30,5,"Game Over!");
    }

    _Invalidate();

    return 0;
}
void GameMain()
{
    RunIni();
    while(1)
```

```
    {
        if(-1==RunKey())
        {
            break;
        }
    }
}
int main()
{
    _BeginWindow();
    GameMain();
    _EndWindow();
    return 0;
}
```

04 내공쌓기

1 기본 틀을 준비한다.

2 기본자료를 선언하고 화면처리를 한다.

3 움직임을 체크하는 보조함수를 만들고 키보드의 4방향 처리를 한다.

4 초기화 시점에 랜덤시드를 설정하고 숫자를 임으로 섞는 로직을 만든다.

5 게임 종료를 확인하는 함수를 만들고 게임종료를 체크한다.

05

구조공략

1. 프로그램을 구성하는 모든 함수를 조사하고 그 기능을 기술하라. 또 각 함수의 리턴값의 의미 및 범위를 조사하고 입력 파라미터도 동일한 방법으로 조사하라.

2. 전역변수가 있다면 그 용도와 값의 범위를 조사하라.

3. 각 함수의 내부 로직을 간단하게 기술하고 필요한 임시 변수를 기술하고 그 용도를 조사하라.

4. main() 함수를 출발점으로 각 함수 사이의 호출 그래프를 완성하라.

5. 자신이 만들어 놓은 설계도를 기반으로 코드를 완성해 보라.

06 확장공략

1 처음 시작 시 난이도(3 x 3, 4 x 4 등)를 선택할 수 있는 메뉴를 첨가하고 여기에 따라 게임을 진행하라.

2 3 x 3으로 시작해 게임이 끝나면 4 x 4로 게임이 다시 시작될 수 있도록 프로그램을 확장하라.

Quest 10

석고반

01 프롤로그

석고반은 지정된 장소(.)에 공(O)을 플레이어(@)가 4개의 방향키를 이용하여 밀어서 목표하는 위치로 이동시키는 게임이다. 벽(=)으로는 움직일 수 없고 공(O)이 연속으로 2개 있을 경우도 밀어서 움직이는 것이 불가능하다. 공을 모두 지정된 장소로 이동시키거나 더 이상 이동이 불가능한 경우를 만들면 게임이 종료된다.

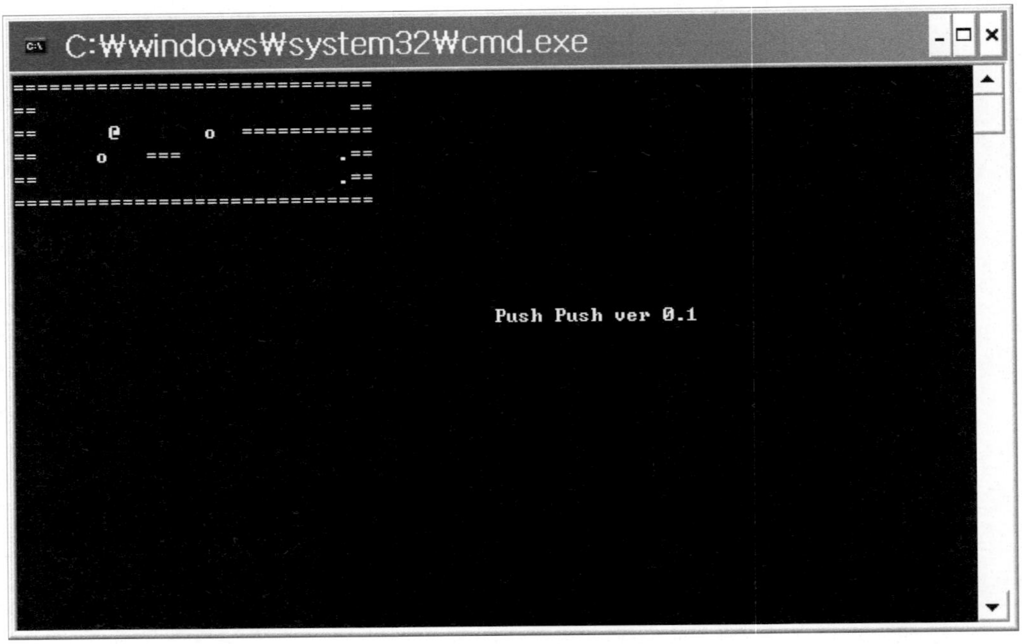

02 기초공략

Item 01 3차원 배열 사용하기

다차원 배열 중 일상생활에서는 2차원 배열과 3차원 배열을 주로 가장 많이 사용한다. 2차원 배열에 비해 3차원 배열은 사용하기에 약간의 어려움이 있을 수 있다. 이 둘의 차이를 비교하면 다음과 같이 비유할 수 있다. 책이 있다고 할 때 한 페이지는 2차원 배열이고 이것을 묶어 놓은 책이 3차원 배열이라고 생각하면 된다.

```
int data[3][2][5];
```

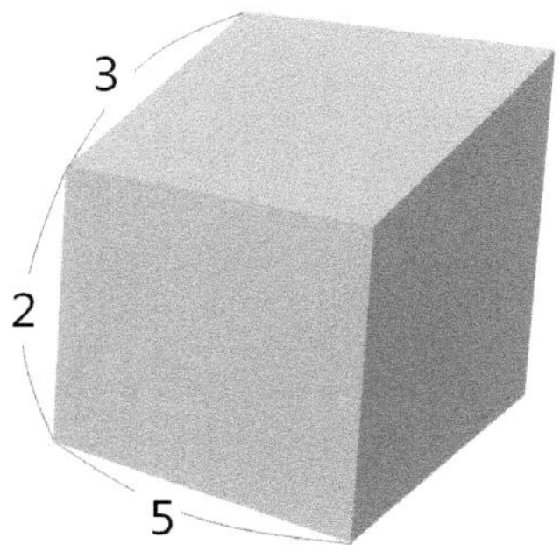

인덱스의 순서는 z 축 , y축 , x 축이 된다. 즉 제일 처음의 z는 책의 페이지 수이고 y는 한 페이지의 줄의 수이며, x는 한 페이지에서 칸의 수이다. 각각의 인덱스는 0에서 시작된다는 점에 주의해야 하며, 3차원 배열의 초기화 방법은 2차원 배열과 동일하다.

```
int data[3][2][5]={
{{1,2,3,4,5},
 {2,3,4,5,6}},
{{3,4,5,6,7},
 {4,5,6,7,8}},
{{1,2,3,4,5},
 {2,3,4,5,6}}
};
```

Item 02 게임 맵과 2차원 배열

일반적으로 게임의 한 화면을 위한 자료 구조는 2차원 배열을 사용하면 적당하다. 2차원 배열의 크기가 화면의 가로 세로 크기에 대응되며 각각의 위치(블록)에는 해당하는 물체(예를 들어 벽(=), 공(O), 플레이어(@), 빈칸, 목표지점(.))의 값으로 설정하면 된다. 이러한 2차원 배열을 게임에서는 전통적으로 게임 맵이라는 단어를 사용한다.

예를 들어 0:빈칸, 1:벽(=), 2:공(O), 3:플레이어(@), 4:목표지점(.)이라고 하고 아래와 같이 2차원 배열을 선언하고 여기에 맵을 만들면 아래와 같다.

```
int data[4][5]={
{ 1,1,1,1,1},
{ 1,0,2,0,1},
{ 1,3,0,4,1},
{ 1,1,1,1,1},
};
```

위 자료 구조에 대한 화면은 다음과 같이 표현된다.

```
= = = = =
=   O   =
=@    . =
= = = = =
```

자료의 가독성을 높이기 위해 int 변수 대신 char 형 변수를 사용하여 표현하는 방법도 있다. 저자는 이 방법을 사용하였다.

```
char data[4][5]={
"=====",
"= O =",
"=@ .=",
"=====",
};
```

위의 자료 구조를 화면에 표시하면 아래와 같다.

```
= = = = =
=   0   =
=@    . =
= = = = =
```

Item 03 3차원 배열을 이용한 다중 스테이지 구현

맵이 있는 평면 게임은 2차원 배열을 이용한 맵 구조로 자료를 운용할 수 있다고 앞서 언급하였다. 그럼 이러한 평면들의 다중 스테이지는 어떻게 하면 될까? 답은 간단하다. 3차원 배열을 이용하면 된다. 여기서 다중 스테이지란 여러 개의 맵으로 구성되어 있는 맵을 의미한다. 즉, 한 개의 스테이지당 2차원 배열로 맵을 사용하고 여러 개의 스테이지는 이러한 2차원 배열을 여러 개 쌓아놓은 3차원 배열을 사용하면 된다.

3차원 배열을 이용한 다중 스테이지의 선언은 아래와 같이 하면 된다.

```
int sindex; //스테이지 인덱스를 나타내는 변수
int data[스테이지수][맵의 y크기][맵의 x크기]; //다중 스테이지 맵
```

자신의 프로그램에서 다중 스테이지를 운영하려면 현재 어떤 스테이지에 있는지 게임 중인 스테이지를 나타내는 스테이지 인덱스 변수를 별도로 운용하는 것은 기본이다.

Item 04 석고반 자료 구조

게임을 위한 맵 변수를 선언한 후 이 변수를 이용하여 게임을 진행하면 초기 맵의 모양은 변경되게 된다. 따라서 다시 게임을 시작하려고 하면 초기화된 자료를 얻을 수 없다. 게임의 재 초기화를 지원하려고 하면 맵을 위한 2개의 변수를 선언하고 하나는 원본 맵을 저장하는 변수로, 나머지 하나는 실제 게임을 진행하는 변수로 사용하면 된다. 그리고 재 초기화가 필요할 때 마다 원본 맵에서 플레이 맵으로 복사를 하면 된다. 특히 주의할 것은 원본 맵은 다중 스테이지를 지원하기 위해 3차원 배열을 사용하지만 현재 진행 중인 맵은 2차원 배열로 충분하다는 점이다.

```
char org_map[3][10][15];  //원본 다중 스테이지 맵
char play_map[10][15];    //현재 진행 중인 게임 맵
```

게임을 진행하다 보면 맵에서 현재 플레이어의 위치(@)를 매번 알고 있어야 한다. 이 값을 얻는 방법으로 필요할 때 마다 게임 맵을 검색하여 위치를 얻는 방법이 있다. 또 다른 방법은 별도의 변수(x, y)를 두어 위치가 변경될 때 마다 위치 변수에 반영하여 필요할 때 맵을 검색하지 않고 바로 이 위치변수를 사용할 수 있다. 빠른 속도를 위해 저자는 별도의 위치 변수를 사용하였다.

```
int xpos; //@의 x위치
int ypos; //@의 y위치
```

Item 05 플레이어의 움직임 및 공의 움직임

석고반에서 벽(=), 공(O), 플레이어(@), 빈 공간(블랭크), 목표지점(.)이 있다고 할 때, 플레이어(@)는 4개의 방향키로 이동을 할 수 있으며 앞에 장애물(=)이 있으면 이동이 불가능하다. 가고자 하는 방향에 공(O)이 있으면 공을 움직이고자 하는 방향으로 1칸 이동시킬 수 있다. 그러나 앞쪽이 벽(=) 또는 공(O)이 있으면 움직일 수 없다. 위의 내용을 간단한 의사 코드로 기술하면 아래와 같다. 여기에 기술되는 내용은 한 예제이며 개인의 생각에 따라 얼마든지 다른 형식으로 구현하는 것이 가능하다.

```
방향키 입력을 받고,
가고자하는 위치와 그 앞 위치를 계산한다.
if( 가고자하는 방향이 벽이 아니면)
{
    if( 가고자하는 위치에 공이 있으면)
    {
        if( 그 앞위치가 공백이거나 목표지점(.) 이면)
        {
            공을 그 앞위치로 이동하고, 플레이어의 위치도 앞쪽으로 이동한다.
        }
    }
    else
    {
        플레이어의 위치를 이동시킨다.
    }
}
```

```
//nx,ny: 가려고 하는 x, y
//nx1,ny1: 가려고 하는 방향 +1 위치의 x,y
int Move(int nx,int ny,int nx1,int ny1)
{
```

```
        if('=' != g_play[ny][nx])
        {
            if('o' == g_play[ny][nx])
            {
                if(' ' == g_play[ny1][nx1]  ||  '.' == g_play[ny1][nx1])
                {
                    g_play[ny1][nx1]='o';
                    g_play[ny][nx]=' ';
                    g_x=nx;
                    g_y=ny;
                    return 0; //움직임 구현
                }
            }
            else
            {
                g_x=nx;
                g_y=ny;
            }
        }

        return -1;
}
```

Item 06 성공적인 게임종료

맵에 있는 공이 옮겨져야 하는 최종 장소(.)와 현재 플레이 되고 있는 자료 구조를 비교하여 모두 있으면 게임을 종료시킨다. 다중 스테이지를 지원하는 경우는 다음 스테이지가 있다면 다음 스테이지를 초기화하면 되고, 그렇지 않으면 게임의 전체 종료를 선언하면 된다. 우리가 사용하는 자료 구조는 원본 자료와는 무관하게 현재 플레이하는 자료를 별도의 2차원 배열에 복사하여 사용하므로 현재 플레이되고 있는 자료 구조에서 목표점(.)은 공이 지나가면 지워지기 때문에 원본 자료 구조에서 목표점(.)의 좌표를 참조하는 것이 필요하다.

```
//returen value: 0: game over  else  not game over

int GameOver()
{
    int x,y;

    for(y=0;y<MAX_Y;y++)
```

```
    {
        for(x=0;x<MAX_X;x++)
        {
            if('.' == g_map[g_mapindex][y][x] && 'o' != g_play[y][x])
            {
                return -1;
            }
        }
    }

    return 0;
}
```

코딩공략

01 기본 틀을 준비한다.

```
#include <stdio.h>
#include <stdlib.h>
#include "mtg.h"

//게임의 논리 처리를 위한 전역변수 선언

void Draw( )
{

}
void RunIni( )
{


    _Invalidate( );
}
int RunKey( )
{
    char k;

    k=_GetKey( );
    if(-1==k) return 0;
    if('q'==k)
    {
        return -1;
    }
    else
    {

    }

    _Invalidate( );
```

```
    return 0;
}
void GameMain( )
{
    RunIni( );
    while(1)
    {
        if(-1==RunKey( ))
        {
            break;
        }
    }
}
int main( )
{
    _BeginWindow( );
    GameMain( );
    _EndWindow( );
    return 0;
}
```

02 기본자료를 선언하고 첫 번째 맵을 복사해온 후 화면처리를 한다.

```
#include <stdio.h>
#include <stdlib.h>
#include "mtg.h"

#define MAX_STAGE     3
#define MAX_X        35
#define MAX_Y         6

#define KEY_LEFT     75
#define KEY_RIGHT    77
#define KEY_UP       72
#define KEY_DOWN     80

int g_mapindex=0;
int g_x;
int g_y;
char g_play[MAX_Y][MAX_X];
char g_map[MAX_STAGE][MAX_Y][MAX_X]={
    {
```

```
        "==============================",
        "==                          ==",
        "==     @     o     ===========",
        "==     o  ===              .==",
        "==                         .==",
        "==============================",
    },
    {
        "==============================",
        "==         =                ==",
        "==     @  ==== o  o         ==",
        "==         =      ====      ==",
        "==                ..        ==",
        "==============================",
    },
    {
        "==============================",
        "==                          ==",
        "==     @      o =======     ==",
        "==         o     . .        ==",
        "==                          ==",
        "==============================",
    }
};

void DrawMap()
{
    int y;

    for(y=0;y<MAX_Y;y++)
    {
        _DrawText(0,y,g_play[y]);
    }
}
void Draw()
{
    DrawMap();

    _DrawText(g_x,g_y,"@");
    _DrawText(40,10,"Push Push ver 0.1");
}
void GetNextMap()
{
```

```
    int x,y;

    for(y=0;y<MAX_Y;y++)
    {
        for(x=0;x<MAX_X;x++)
        {
            if('@'==g_map[g_mapindex][y][x])
            {
                g_x=x;
                g_y=y;
                g_play[y][x]=' ';
            }
            else
            {
                g_play[y][x]=g_map[g_mapindex][y][x];
            }
        }
    }
}
void RunIni()
{
    GetNextMap( );

    _Invalidate();
}
int RunKey()
{
    char k;

    k=_GetKey();
    if(-1==k) return 0;
    if('q'==k)
    {
        return -1;
    }
    else
    {

    }

    _Invalidate();

    return 0;
```

```
}
void GameMain()
{
    RunIni();
    while(1)
    {
        if(-1==RunKey())
        {
            break;
        }
    }
}
int main()
{
    _BeginWindow();
    GameMain();
    _EndWindow();
    return 0;
}
```

03 플레이어의 움직임을 구현한다. 움직임을 체크하는 보조함수를 만들고 가려고 하는 키의 방향에 따라 움직임을 체크한다.

```
#include <stdio.h>
#include <stdlib.h>
#include "mtg.h"

#define MAX_STAGE    3
#define MAX_X       35
#define MAX_Y        6

#define KEY_LEFT    75
#define KEY_RIGHT   77
#define KEY_UP      72
#define KEY_DOWN    80

int g_mapindex=0;
int g_x;
int g_y;
char g_play[MAX_Y][MAX_X];
char g_map[MAX_STAGE][MAX_Y][MAX_X]={
    {
```

```
        "==============================",
        "==                          ==",
        "==    @       o    ===========",
        "==    o  ===               .==",
        "==                         .==",
        "==============================",
    },
    {
        "==============================",
        "==        =                 ==",
        "==    @  ==== o   o         ==",
        "==        =      ====       ==",
        "==               ..         ==",
        "==============================",
    },
    {
        "==============================",
        "==                          ==",
        "==    @       o =======     ==",
        "==        o      . .        ==",
        "==                          ==",
        "==============================",
    }
};

void DrawMap()
{
    int y;

    for(y=0;y<MAX_Y;y++)
    {
        _DrawText(0,y,g_play[y]);
    }
}
void Draw()
{
    DrawMap();
    _DrawText(g_x,g_y,"@");
    _DrawText(40,10,"Push Push ver 0.1");
}
void GetNextMap()
{
    int x,y;
```

```
    for(y=0;y<MAX_Y;y++)
    {
        for(x=0;x<MAX_X;x++)
        {
            if('@'==g_map[g_mapindex][y][x])
            {
                g_x=x;
                g_y=y;
                g_play[y][x]=' ';
            }
            else
            {
                g_play[y][x]=g_map[g_mapindex][y][x];
            }
        }
    }
}
void RunIni()
{
    GetNextMap();

    _Invalidate();
}
int Move(int nx,int ny,int nx1,int ny1)
{

    if('=' != g_play[ny][nx])
    {
        if('o' == g_play[ny][nx])
        {
            if(' ' == g_play[ny1][nx1] || '.' == g_play[ny1][nx1])
            {
                g_play[ny1][nx1]='o';
                g_play[ny][nx]=' ';
                g_x=nx;
                g_y=ny;
                return 0;
            }
        }
        else
        {
            g_x=nx;
```

```
            g_y=ny;
        }
    }
    return -1;
}
int RunKey()
{
    char k;
    int nx,ny;
    int nx1,ny1;

    k=_GetKey();
    if(-1==k) return 0;
    if('q'==k)
    {
        return -1;
    }
    else
    {

    }

    nx=g_x;
    ny=g_y;
    nx1=nx;
    ny1=ny;
    if(KEY_LEFT == k)
    {
        nx=g_x - 1;
        nx1=nx-1;
    }
    else if(KEY_RIGHT == k)
    {
        nx=g_x + 1;
        nx1=nx+1;
    }
    else if( KEY_UP == k)
    {
        ny=g_y - 1;
        ny1=ny-1;
    }
    else if(KEY_DOWN == k)
    {
```

```
        ny=g_y + 1;
        ny1=ny+1;
    }

    if(0==Move(nx,ny,nx1,ny1))
    {
    }

    _Invalidate();

    return 0;
}
void GameMain()
{
    RunIni();
    while(1)
    {
        if(-1==RunKey())
        {
            break;
        }
    }
}
int main()
{
    _BeginWindow();
    GameMain();
    _EndWindow();
    return 0;
}
```

04 게임종료를 체크하고 다음 스테이지로 이동한다. 만약 더 이상 이동할 스테이지가 없으면 게임을 종료한다.

```
#include <stdio.h>
#include <stdlib.h>
#include "mtg.h"

#define MAX_STAGE    3
#define MAX_X       35
#define MAX_Y        6
```

```
#define KEY_LEFT    75
#define KEY_RIGHT   77
#define KEY_UP      72
#define KEY_DOWN    80

int g_mapindex=0;
int g_x;
int g_y;
char g_play[MAX_Y][MAX_X];
char g_map[MAX_STAGE][MAX_Y][MAX_X]={
    {
        "==============================",
        "==                          ==",
        "==    @       o    ===========",
        "==    o  ===               .==",
        "==                         .==",
        "==============================",
    },
    {
        "==============================",
        "==        =                 ==",
        "==    @  ==== o   o         ==",
        "==        =      ====       ==",
        "==               ..         ==",
        "==============================",
    },
    {
        "==============================",
        "==                          ==",
        "==    @       o =======     ==",
        "==        o      . .        ==",
        "==                          ==",
        "==============================",
    }
};

void DrawMap()
{
    int y;

    for(y=0;y<MAX_Y;y++)
    {
        _DrawText(0,y,g_play[y]);
```

```
    }
}
void Draw()
{
    DrawMap();
    _DrawText(g_x,g_y,"@");
    _DrawText(40,10,"Push Push ver 0.1");
}
void GetNextMap()
{
    int x,y;

    for(y=0;y<MAX_Y;y++)
    {
        for(x=0;x<MAX_X;x++)
        {
            if('@'==g_map[g_mapindex][y][x])
            {
                g_x=x;
                g_y=y;
                g_play[y][x]=' ';
            }
            else
            {
                g_play[y][x]=g_map[g_mapindex][y][x];
            }
        }
    }
}
void RunIni()
{
    GetNextMap();
    _Invalidate();
}
int Move(int nx,int ny,int nx1,int ny1)
{

    if('=' != g_play[ny][nx])
    {
        if('o' == g_play[ny][nx])
        {
            if(' ' == g_play[ny1][nx1] || '.' == g_play[ny1][nx1])
            {
```

```
            g_play[ny1][nx1]='o';
            g_play[ny][nx]=' ';
            g_x=nx;
            g_y=ny;
            return 0;
        }
    }
    else
    {
        g_x=nx;
        g_y=ny;
    }
}

return -1;
}
int GameOver()
{
    int x,y;

    for(y=0;y<MAX_Y;y++)
    {
        for(x=0;x<MAX_X;x++)
        {
            if('.' == g_map[g_mapindex][y][x] && 'o' != g_play[y][x])
            {
                return -1;
            }
        }
    }

    return 0;
}
int RunKey()
{
    char k;
    int nx,ny;
    int nx1,ny1;

    k=_GetKey();
    if(-1==k) return 0;
    if('q'==k)
    {
```

```
        return -1;
    }
    else
    {

    }


    nx=g_x;
    ny=g_y;
    nx1=nx;
    ny1=ny;
    if(KEY_LEFT == k)
    {
        nx=g_x - 1;
        nx1=nx-1;
    }
    else if(KEY_RIGHT == k)
    {
        nx=g_x + 1;
        nx1=nx+1;
    }
    else if( KEY_UP == k)
    {
        ny=g_y - 1;
        ny1=ny-1;
    }
    else if(KEY_DOWN == k)
    {
        ny=g_y + 1;
        ny1=ny+1;
    }

    if(0==Move(nx,ny,nx1,ny1))
    {
        if(0==GameOver( ))
        {
            _Invalidate( );
            if(MAX_STAGE == g_mapindex+1 )
            {
                _MessageBox(20,5,40,5,"Game Over!");
            }
            else
```

```
            {
                g_mapindex++;
                GetNextMap();
            }
        }
    }

    _Invalidate();

    return 0;
}
void GameMain()
{
    RunIni();
    while(1)
    {
        if(-1==RunKey())
        {
            break;
        }
    }
}
int main()
{
    _BeginWindow();
    GameMain();
    _EndWindow();
    return 0;
}
```

완성된 소스

```
#include <stdio.h>
#include <stdlib.h>
#include "mtg.h"

#define MAX_STAGE  3
#define MAX_X     35
#define MAX_Y      6

#define KEY_LEFT  75
```

```
#define KEY_RIGHT    77
#define KEY_UP       72
#define KEY_DOWN 80

int g_mapindex=0;
int g_x;
int g_y;
char g_play[MAX_Y][MAX_X];
char g_map[MAX_STAGE][MAX_Y][MAX_X]={
    {
        "==============================",
        "==                          ==",
        "==    @       o    ===========",
        "==    o  ===               .==",
        "==                         .==",
        "==============================",
    },
    {
        "==============================",
        "==        =                 ==",
        "==    @ ==== o   o          ==",
        "==        =      ====       ==",
        "==               ..         ==",
        "==============================",
    },
    {
        "==============================",
        "==                          ==",
        "==    @       o =======     ==",
        "==        o      . .        ==",
        "==                          ==",
        "==============================",
    }
};

void DrawMap()
{
    int y;

    for(y=0;y<MAX_Y;y++)
    {
        _DrawText(0,y,g_play[y]);
    }
```

```
}
void Draw()
{
    DrawMap();
    _DrawText(g_x,g_y,"@");
    _DrawText(40,10,"Push Push ver 0.1");
}
void GetNextMap()
{
    int x,y;

    for(y=0;y<MAX_Y;y++)
    {
        for(x=0;x<MAX_X;x++)
        {
            if('@'==g_map[g_mapindex][y][x])
            {
                g_x=x;
                g_y=y;
                g_play[y][x]=' ';
            }
            else
            {
                g_play[y][x]=g_map[g_mapindex][y][x];
            }
        }
    }
}
void RunIni()
{
    GetNextMap();
    _Invalidate();
}
int Move(int nx,int ny,int nx1,int ny1)
{

    if('=' != g_play[ny][nx])
    {
        if('o' == g_play[ny][nx])
        {
            if(' ' == g_play[ny1][nx1] || '.' == g_play[ny1][nx1])
            {
                g_play[ny1][nx1]='o';
```

```
                g_play[ny][nx]=' ';
                g_x=nx;
                g_y=ny;
                return 0;
            }
        }
        else
        {
            g_x=nx;
            g_y=ny;
        }
    }

    return -1;
}
int GameOver()
{
    int x,y;

    for(y=0;y<MAX_Y;y++)
    {
        for(x=0;x<MAX_X;x++)
        {
            if('.' == g_map[g_mapindex][y][x] && 'o' != g_play[y][x])
            {
                return -1;
            }
        }
    }

    return 0;
}
int RunKey()
{
    char k;
    int nx,ny;
    int nx1,ny1;

    k=_GetKey();
    if(-1==k) return 0;
    if('q'==k)
    {
        return -1;
```

```
}
else
{

}



nx=g_x;
ny=g_y;
nx1=nx;
ny1=ny;
if(KEY_LEFT == k)
{
    nx=g_x - 1;
    nx1=nx-1;
}
else if(KEY_RIGHT == k)
{
    nx=g_x + 1;
    nx1=nx+1;
}
else if( KEY_UP == k)
{
    ny=g_y - 1;
    ny1=ny-1;
}
else if(KEY_DOWN == k)
{
    ny=g_y + 1;
    ny1=ny+1;
}

if(0==Move(nx,ny,nx1,ny1))
{
    if(0==GameOver())
    {
        _Invalidate();
        if(MAX_STAGE ==g_mapindex+1 )
        {
            _MessageBox(20,5,40,5,"Game Over!");
        }
        else
        {
```

```
            g_mapindex++;
            GetNextMap();
         }
      }
   }

   _Invalidate();

   return 0;
}
void GameMain()
{
   RunIni();
   while(1)
   {
      if(-1==RunKey())
      {
         break;
      }
   }
}
int main()
{
   _BeginWindow();
   GameMain();
   _EndWindow();
   return 0;
}
```

04 내공쌓기

1 기본 틀을 준비한다.

2 기본자료를 선언하고 첫 번째 맵을 복사해온 후 화면처리를 한다.

3 플레이어의 움직임을 구현한다. 움직임을 체크하는 보조함수를 만들고 가려고 하는 키의 방향에 따라 움직임을 체크한다.

4 게임종료를 체크하고 다음 스테이지로 이동한다. 만약 더 이상 이동할 스테이지가 없으면 게임을 종료한다.

05

구조공략

1 프로그램을 구성하는 모든 함수를 조사하고 그 기능을 기술하라. 또 각 함수의 리턴값의 의미 및 범위를 조사하고 입력 파라미터도 동일한 방법으로 조사하라.

2 전역변수가 있다면 그 용도와 값의 범위를 조사하라.

3 각 함수의 내부 로직을 간단하게 기술하고 필요한 임시 변수를 기술하고 그 용도를 조사하라.

4 main( ) 함수를 출발점으로 각 함수 사이의 호출 그래프를 완성하라.

5 자신이 만들어 놓은 설계도를 기반으로 코드를 완성해 보라.

06

확장공략

1. 다양한 맵을 제작하고 게임에 적용해 보라.

2. 주어진 코드에서 '.'이 지워지면 복원되지 못한다. 복원되도록 이 기능을 추가하라.

Quest 11

테트리스

01 프롤로그

테트리스는 컴퓨터 게임으로 가장 널리 알려진 고전이다. 위쪽에 있던 블록은 시간이 지남에 따라 아래쪽으로 떨어지게 된다. 이때 플레이어는 방향키를 이용하여 떨어지는 블록을 회전 시켜 모양을 변경 시킬 수 있다. 더 이상 블록이 움직일 수 없으면 블록은 멈추게 되며, 새로운 블록이 다시 떨어지기 시작한다. 이때 더 이상 새로운 블록이 떨어질 수 없으면 게임은 종료되게 된다. 블록의 움직임이 멈추었을 때 가로줄이 모두 블록으로 가득 차 있으면 그 가로줄의 블록은 모두 지워지게 되고, 위쪽에 있는 모든 블록들이 아래쪽으로 한 줄씩 이동하게 된다.

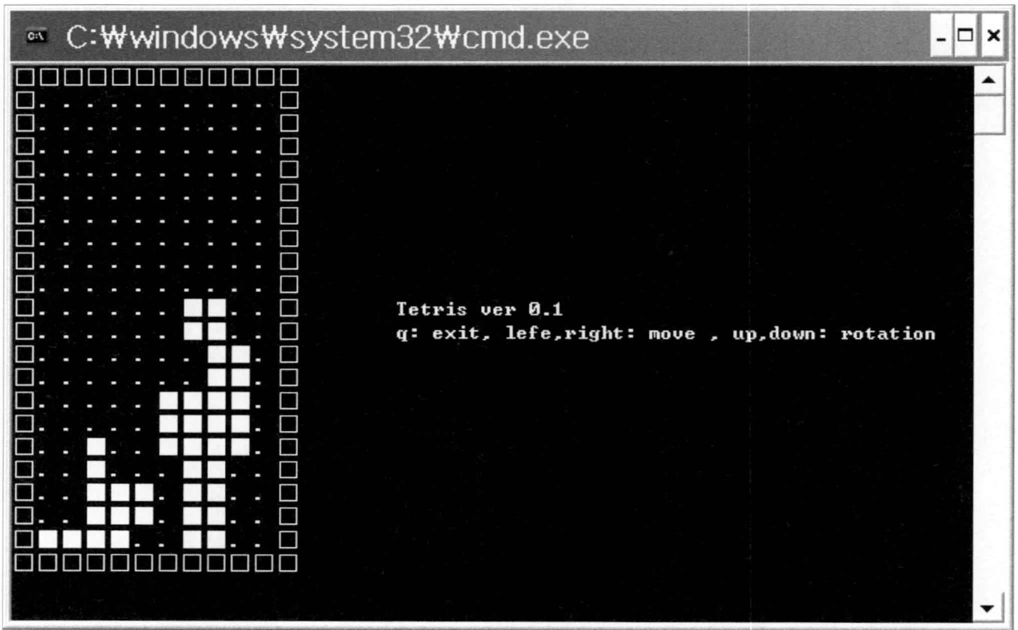

02 기초공략

Item 01 구조체

프로그램을 하다 보면 단순한 자료들을 연관시켜 한 개의 논리적 자료로 다루어야 할 때가 종종 발생한다. 이렇게 관련된 자료를 묶어놓은 형태를 '구조체(structure)'라고 한다. 예를 들어 char name[20]과 int age를 한 개로 묶어 MEMBER라는 새로운 논리적 자료를 만든다고 가정하면 선언은 아래와 같다.

```
struct MEMBER
{
    char name[20];
    int age;
};

struct MEMBER m;
```

구조체를 선언과 동시에 이름에는 "aaa"를, age에는 20으로 초기화하는 코드는 아래와 같다.

```
struct MEMBER m={"aaa",20};
```

어떤 컴파일러는 구조체 이름 앞에 struct를 붙이지 않아도 문제가 없지만 어떤 컴파일러는 struct를 붙이지 않으면 에러를 발생시키는 경우도 있다. 이러한 것을 피하기 위해 '재정의(typedef)'를 결합하여 선언하면 모든 컴파일러에서 struct 없이 변수를 선언하는 것이 가능해진다.

```
typedef struct
{
    char name[20];
    int age;
} MEMBER;

MEMBER m;
```

프로그램 진행 중 구조체 변수에 데이터를 넣고 빼는 코드는 아래와 같이 일반 자료를 다루는 방식과 동일하다.

```
Test()
{
    strcpy(m.name,"aaa"); //문자열 복사
    m.age=20; //숫자 넣기
    ...
}
```

Item 02 구조체 배열

아래와 같은 구조체가 있다고 할 때 구조체 변수에 대한 배열변수를 선언하고 초기화하는 코드는 아래와 같다.

```
typedef struct
{
    int x;
    int y;
} S_POINT;

S_POINT myp[3]={{1,2},{3,4},{5,6}};
```

구조체의 이차원 배열의 선언 및 초기화는 다음과 같다.

```
S_POINT my2p[2][3]={
{{1,2},{3,4},{5,6}},
{{7,8},{9,10},{11,12}}
};
```

구조체 3차원 배열의 선언 및 초기화는 다음과 같다.

```
S_POINT my3p[2][3][3]={
{{{1,2},{3,4},{5,6}},{{7,8},{9,10},{11,12}},{{13,14},{15,16},{17,18}}},
{{{19,20},{21,22},{23,24}},{{25,26},{27,28},{29,30}},{{31,32},{33,34},{35,36}}},
};

또는
```

```
S_POINT my3p[2][3][3]={
{{1,2,3,4,5,6},{7,8,9,10,11,12},{13,14,15,16,17,18}},
{{19,20,21,22,23,24},{25,26,27,28,29,30},{31,32,33,34,35,36}},
};
```

Item 03 함수 호출 순서와 프로토 타입

아래와 같이 프로그램이 구성되어 있다고 가정하자.

```
void test1()
{
}
void test2()
{
    test1(); //no error
    test3(); //컴파일 에러
}
void test3()
{
}
...
```

test2() 함수 내부에서 test1() 함수를 호출하면 아무런 에러 없이 컴파일 된다. 그러나 test3() 함수를 호출하면 어떤 컴파일러는 에러를 발생시킨다. 이유는 test2()에서 test1()을 호출할 때는 이미 test1()에 대한 정보가 물리적으로 test2()보다 앞서 나왔기 때문에 test1()을 어떻게 취급할지 컴파일러는 알고 있다. 그러나 test3()의 경우는 test2()가 컴파일 될 때 아직 test3()에 대한 정보가 나오지 않았으므로 컴파일러는 test3()을 어떻게 다루어야 할지 알지 못하기 때문에 에러를 발생시킨다.

이 문제를 해결하기 위한 방법은 2가지가 있다.

첫째는 test3()을 test2()보다 위쪽에 위치시키는 방법이다.

```
void test1()
{
}
```

```
void test3()
{
}
void test2()
{
   test1(); //no error
   test3(); //no error
}
...
```

두 번째 방법은 test3()은 test2()보다 뒤쪽에 두고 test3()의 '함수 원형(prototype)'을 가장 위쪽에 선언하는 방법이다. 함수 원형(prototype)이란 함수의 반환 값과 파라미터만을 기술한 문장을 의미한다.

```
void test1();  //test1()에 대한 원형(prototype) 선언
void test2();  //test2()에 대한 원형(prototype) 선언
void test3();  //test3()에 대한 원형(prototype) 선언

void test2()
{
   test1(); //no error
   test3(); //no error
}
void test3()
{
}
void test1()
{
}
...
```

위의 두 가지 방법은 장단점이 각각 있지만, 일반적으로 두 번째 방법을 주로 사용한다.

Item 04 변수의 크기

프로그래밍에서 정수형 숫자를 저장하기 위해서 변수를 선언 할 때 변수의 유형은 int, long 등을 사용할 수 있다. 동일한 정수를 저장하기 위한 용도인데 차이점은 무엇일까? 바로 저장할 수 있는 숫자의 범위라고 할 수 있다. 8bit로 된 변수에 저장할 수 있는 변수의 범위는 어떻게 될까? 2의 8승

즉, 256개이다. 0부터 저장할 수 있다고 하면 255까지 표현할 수 있으며, 음수를 저장한다고 하면 −128~127까지가 될 것이다.

정수를 저장하는 유형인 int와 long의 차이는 변수의 비트수 크기가 다르다는 것이다. 시스템에 따라 int 형도 16bit, 32bit가 있으며 long 형도 32bit, 64bit 등으로 표현된다. 자신이 사용하는 시스템은 int나 long을 몇 byte로 사용하는 알고 싶으면 아래와 같은 코드를 실행하면 알 수 있다. 물론 1byte는 8bit로 계산해야 함을 잊지 말자.

```
printf(" byte of int:%d\n",sizeof(int));
printf(" byte of long:%d\n",sizeof(long));

or

int a;
long b;

printf(" byte of int:%d\n",sizeof(a));
printf(" byte of long:%d\n",sizeof(b));
```

정수형과 동일한 개념으로, 소수점을 취급하는 float, double 형 등도 소수점 아래 몇 자리까지 취급할 수 있는가의 차이가 있다.

Item 05 함수의 전역변수(static)

특정한 함수에서 매 호출 때마다 접근하여 값을 읽거나 갱신해야 하는 경우 우리는 일반적으로 전역변수를 사용하여 문제를 해결할 수 있다. 그러나 전역변수는 기본적으로 다른 함수에서도 접근이 가능하기 때문에 해당 함수만 접근할 수 있는 전용변수라고 보기 어렵다.

```
int g_count;=0;

void Test1()
{
    //g_count에 접근하는 전용 함수
    g_count++;

}
void Test2()
{
```

```
    //여기서도 g_count는 접근 가능
        g_count++;
}
int main()
{
    Test1(); //g_count는 1
    Test2(); //g_count는 2
    Test1(); //g_count는 3
}
```

일반적으로 전역변수는 모든 함수에서 접근하여 그 값을 읽거나 쓸 수 있다. 그러나 특정한 함수에서만 접근 가능한 전역변수를 사용하고자 하면 어떻게 할 수 있을까? 이러한 문제를 해결해 주는 것이 함수 내부에 선언된 'static 변수'이다. static 변수는 전역변수처럼 쓰이면서 해당 변수가 선언된 함수에서만 접근이 가능한 특별한 변수이다. static변수를 사용할 때 특히 주의해야 하는 것은 반드시 초기화 값을 지정해야 한다는 것이다.

```
void Test1()
{
    static int g_count=0;
    //g_count에 접근하는 전용 함수
    g_count++;
}
void Test2()
{
    //여기서는 g_count는 접근 불가능
}
int main()
{
    Test1(); //g_count는 1
    Test2();
    Test1(); //g_count는 2
}
```

Item 06 주기적인 시간에 따른 특정한 임무 수행하기

프로그램에서 특정 시간을 주기로 반복적 일을 해야 하는 경우가 종종 있다. 예를 들어 1초 마다 화면에 특정 문구를 출력해야 하는 경우 등이 해당된다. 이것을 구현하는 방법은 여러 가지가 있다. 먼저 생각해 볼 수 있는 방법은 화면에 특정 문구를 출력한 후 1초 동안 프로그램을 정지 시켰다가 다시 수행하는 것을 무한 반복하는 것이다. 아래는 예제 코드이다.

```
char g_buff[80];
void Draw()
{
    _DrawText(g_buff,10,10);
}
void RunTimer( )
{
    static int count=0;

    _Delay(1000);
    count++;
    sprintf(g_buff,"count:%d",count);
    _Invalidate();
}
void RunGame()
{
    char key;

    while(1)
    {
        RunTimer( );

        key=_GetKey();
        if(-1==key)
        {
            continue;
        }

        if('q'==key)
        {
            break;
        }
    }
}
```

위의 코드에서 _Delay(1000)는 1초 동안 프로그램을 정지시키는 효과를 가지고 있는 mtg.h에 포함되어 있는 멀티플랫폼 함수이다. 파라미터는 밀리세컨의 시간값 즉 1초는 1000, 0.1초는 100 등의 값을 가진다. _Delay() 함수는 제법 주기적인 시간을 잘 지키며 동작한다. 그러나 0.5초 이내로 키보드 입력을 받아야 한다면 _Delay() 함수의 사용은 문제가 발생한다. 즉, _Delay() 함수 이후 1초 이내에 어떤 일을 반복적으로 행해야 한다면 이 구조로는 해결이 불가능 하다고 할 수 있다. _Delay()가 지정된 시간을 무조건 멈추고 있기 때문에 문제가 발생한다.

이 문제를 해결하기 위해서는 _Delay() 함수 보다 좀 더 미세한 단위로 시간을 측정하고 해당 시간 동안 프로그램을 정지시키지 않을 방법이 필요하다. 이런 용도로 개발된 함수가 '_GetTickCount()'이다.

```
char g_buff[80];
void Draw()
{
    _DrawText(g_buff,10,10);
}
void RunTimer()
{
    static long oldT=0;
    long newT;
    static int count=0;

    newT=_GetTickCount(); //현제 시간 기준값 얻기
    if( abs(newT-oldT) < 1000) //1초를 경과 전인가?
    {
        return;
    }
    else
    {
        oldT=newT;  //기준 시간 업데이트
    }

    //1초 경과

    count++;
    sprintf(g_buff,"count:%d",count);

    _Invalidate();

}
void RunGame()
{
    char key;

    while(1)
    {
        RunTimer();

        key=_GetKey();
        if(-1==key)
        {
```

```
            continue;
        }

        if('q'==key)
        {
            break;
        }
    }
}
```

_GetTickCount( ) 함수는 호출 때마다 밀리세컨 단위의 고유한 값(틱값)을 리턴해 주는데, 컴퓨터에 전원이 켜진 시점을 중심으로 그 값이 점점 증가한다. 위의 코드는 1초마다 화면에 특정한 메시지를 출력하고 키보드 입력 체크를 거의 실시간으로 계속 수행할 수 있는 코드이다. 특히 위의 코드는 게임에서 여러 개의 로직을 끊어짐 없이 실행해야 할 때 매우 중요하게 사용되는 핵심적 기술임을 잊지 말자. 어떤 두 수 차의 절대값을 구하는 방법은 abs(a−b)로 계산되며, abs(k)는 k의 절대값을 구하는 함수이다.

Item 07 특수 문자 입력하기

프로그램에서 특수 문자를 사용하여 화면에 출력이 가능하다. 대표적인 특수 문자는 ■, □ 등이 있다.

MS Windows 계열의 운영체제에서 특수 문자를 입력하는 방법은 다음과 같다. 한글 상태에서 ㅁ 누르고 → 한자키를 누르면 화면 우측 상단에 특수 문자가 나타나 선택을 할 수 있다. 'ㅁ' 대신 'ㄴ', 'ㅇ', 'ㄹ' 등의 자음을 선택하면 다양한 특수 문자를 볼 수 있다.

Linux 계열에서 특수 문자를 입력하는 방법도 다양하게 존재하지만 가장 쉬운 방법은 리눅스용 워드프로세서(오픈오피스 등)에 있는 특수 문자 입력 메뉴를 이용하여 워드에 삽입한 후 복사하기를 통해 자신의 프로그램에 붙이는 방법이 있다.

Item 08 특수 문자 입력하기

프로그램을 구성하는 자료 구조는 간단할수록 좋다. 물론 요구되는 기능을 모두 표현할 수 있다는 전제에서 그렇다. 배열을 사용하는 자료 구조는 차원이 올라 갈수록 전체적인 구조의 복잡도를 증가시키는 경향이 있다. 이에 차원을 떨어뜨리는 다양한 방법이 필요하다고 할 수 있다. 그중 한 가지 방법을 소개하면 구조체를 이용하여 2차원 배열의 자료 구조를 1차원 배열의 자료 구조로 변경하는 방법이 있다. 아래 그림에서 3 x 3의 2차원 배열에서 특정 위치만을 표시하기 위해 구조체를 선언하고 이것을 이용하여 상대적 좌표값으로 표현해 1차원 배열로 재정의 한 예이다.

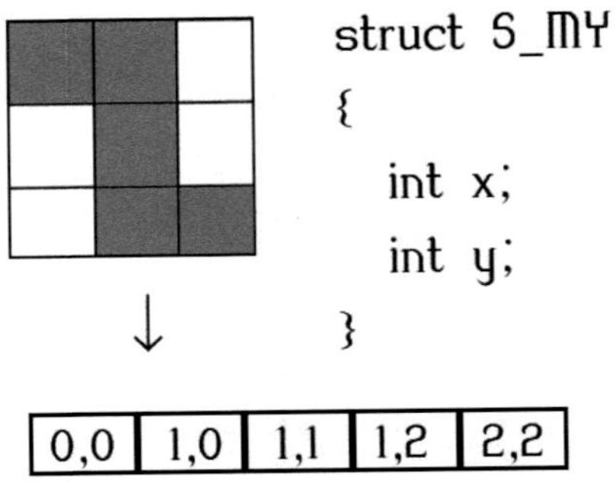

배열의 차원을 떨어뜨리는 방법은 자료 구조의 성격에 따라 그 방법이 각각 다르다고 할 수 있으므로 개발자 자신이 항상 응용할 수 있도록 생각을 멈추지 않는 것이 중요하다.

Item 09 테트리스 자료 구조

테트리스의 자료 구조는 크게 맵과 현재 떨어지고 있는 블록의 구조로 나눌 수 있다. 맵은 2차원 배열로 구성되며 벽, 빈 공간, 블록 등 3개의 서로 다른 값으로 구성되어 있다. 떨어지는 블록의 구조는 아래와 같은 3차원 배열을 사용하면 된다.

```
int data[패턴인덱스][방향인덱스][기준위치좌표];
```

여기서 기준위치좌표는 2차원의 좌표값 이므로 구조체로 표현하여야 한다.

```
typedef struct
{
   int x;
   int y;
} POINT;

POINT g_block[2][3][4]; //z:패턴수, y:회전방향수, x:패턴 data
```

위의 코드는 4개의 점으로(각점은 x,y 값으로 이루어져 있음) 이루어지고 각각 3개의 회전 방향을 가지고 있는 블록으로 모두 2개의 패턴이 있다.

Item 10 블록 움직이기

테트리스에서 자동으로 블록을 떨어뜨리기 위해서는 주기적인 시간을 측정하여 지정된 시간 간격으로 다음번 위치로 이동하면 된다(_GetTickCount()를 이용한 주기적인 처리). 이때 만약 블록이 아래쪽 방향으로 움직일 수 없으면 해당 블록의 위치를 이용하여 맵에 블록을 고정시킨다. 이후 다음번 블록을 가지고 오면 된다. 새로 블록을 초기화한 후 아래쪽 방향으로 움직일 수 있나 테스트 해보고 없으면 게임의 종료를 알리면 된다.

블록의 회전 문제도 동일하다. 플레이어가 블록의 회전을 요구하는 키 입력을 보내면 해당 블록의 다음 회전 패턴으로 선택했을 때 다른 것과 충돌이 없는지 확인하고 없으면 새로운 회전 패턴으로 출력하고 그렇지 않으면 입력을 무시하면 된다.

특히 현재 떨어지고 있는 블록을 한 번에 가장 아래쪽 까지 떨어뜨리고자 한다면, 블록의 전체 위치를 하나씩 아래쪽으로 이동하며 움직이는 것이 가능한지 테스트하고 충돌이 없을 때까지 아래쪽으로 움직이면 된다.

Item 11 블록라인 체크

떨어지는 블록이 아래쪽 방향으로 더 이상 움직일 수 없을 때 가장 아래쪽 맵에서부터 해당 라인이 모두 블록으로 채워져 있는지 확인하여 채워져 있으면 해당 라인을 빈칸으로 채우고 위쪽에 있던 모든 블록들을 아래쪽으로 한 줄씩 이동시킨다.

```
for(모든 라인에 대하여 아래쪽 라인부터 작업시작)
{
    if(현재 라인이 모두 채워져 있는가?)
    {
         현재라인 위쪽에 있는 모든 라인이 1칸씩 아래로 이동 시킨다.
         현재 라인으로 다시 한번 작업 라인으로 정한다.
    }
}
```

03 코딩공략

이 Quest 부터는 코딩양이 너무 많아 변경된 부분의 소스만 보여주고, 완성된 소스는 마지막에 제시하도록 하겠다. 반드시 단계별로 기능을 구현하여 완성할 수 있도록 노력하라.

01 기본 틀을 준비한다.

```
#include <stdio.h>
#include <stdlib.h>
#include "mtg.h"

//게임의 논리 처리를 위한 전역변수 선언

void Draw( )
{

}
void RunIni( )
{


    _Invalidate( );
}
int RunKey( )
{
    char k;

    k=_GetKey( );
    if(-1==k) return 0;
    if('q'==k)
    {
        return -1;
    }
    else
    {
```

```
    }

    _Invalidate( );

    return 0;
}
void GameMain( )
{
    RunIni( );
    while(1)
    {
        if(-1==RunKey( ))
        {
            break;
        }
    }
}
int main( )
{
    _BeginWindow( );
    GameMain( );
    _EndWindow( );
    return 0;
}
```

02 기본 자료 구조를 선언하고 초기화한다.

```
#include <stdio.h>
#include <stdlib.h>
#include "mtg.h"

#define MY_W 10 + 2
#define MY_H 20 + 2
#define MY_WALL    0
#define MY_BLANK   1
#define MY_BLOCK   2

#define MY_PATSIZE  2
#define MY_LEFT     75
#define MY_RIGHT    77
#define MY_UP       72
#define MY_DOWN     80
```

```
#define MY_SPACE   32

typedef struct
{
    int x;
    int y;
}S_POINT;

int g_data[MY_H][MY_W]; //전체 맵
S_POINT g_type[MY_PATSIZE][4][4]={
    {{0,0,1,0,2,0,3,0},{1,0,1,1,1,2,1,3},{0,0,1,0,2,0,3,0},{1,0,1,1,1,2,1,3}},
    {{1,1,2,1,1,2,2,2},{1,1,2,1,1,2,2,2},{1,1,2,1,1,2,2,2},{1,1,2,1,1,2,2,2}},
}; //떨어지는 블록 패턴
int g_dir=0; //패턴의 방향 (4방향)
int g_patindex=0; //패턴의 인덱스 (2종류)
S_POINT g_pos={1,1}; //현재 블록의 위치

void DataIni( ); //함수 프로토 타입

void DataIni( )
{
    int x,y;

    for(y=0;y<MY_H;y++)
    {
        for(x=0;x<MY_W;x++)
        {
            if(0==x || y == 0 || MY_W == (x+1) || MY_H == (y+1))
            {
                g_data[y][x]=MY_WALL;
            }
            else
            {
                g_data[y][x]=MY_BLANK;
            }
        }
    }
}
void RunIni()
{
    DataIni( );
    _Invalidate();
}
```

03 기본맵을 그리고 화면에 떨어지고 있는 현재 블록을 그린다.

```
void DrawData();
void DrawBlock();
void DrawHelp();

void DrawData()
{
    int x,y;

    for(y=0;y<MY_H;y++)
    {
        for(x=0;x<MY_W;x++)
        {
            if(MY_WALL==g_data[y][x])
            {
                _DrawText(x*2,y,"□");
            }
            else if(MY_BLANK == g_data[y][x])
            {
                _DrawText(x*2,y,".");
            }
            else
            {
                _DrawText(x*2,y,"■");
            }
        }
    }
}
void DrawBlock()
{
    int x,y,i;

    for(i=0;i<4;i++)
    {
        x=g_pos.x + g_type[g_patindex][g_dir][i].x;
        y=g_pos.y + g_type[g_patindex][g_dir][i].y;
        _DrawText(x*2,y,"■");
    }
}
void DrawHelp()
{
    _DrawText(32,10,"Tetris ver 0.1");
    _DrawText(32,11,"q: exit, left,right: move , up,down: rotation");
```

```
}
void Draw()
{
    DrawData();
    DrawBlock();
    DrawHelp();
}
```

04 타이머를 설치하고 아래쪽으로 움직일 수 있는지 체크하여 움직일 수 있으면 아래로 움직이고, 움직일 수 없으면 data에 저장한 후 새로운 블록을 시작한다. 만약 새로운 블록을 시작할 수 없으면 게임 종료를 선언한다.

```
int CheckBlockMove(int dx,int dy,int dir);
int MoveBlockDown();
void CopyBlockToData();
void GetNewBlock();

int CheckBlockMove(int dx,int dy,int dir)
{
    int x,y;
    int i;

    for(i=0;i<4;i++)
    {
        x=dx + g_type[g_patindex][dir][i].x;
        y=dy + g_type[g_patindex][dir][i].y;
        if(MY_BLANK != g_data[y][x])
        {
            return -1;
        }
    }

    return 0;
}
int MoveBlockDown()
{
    if(0==CheckBlockMove(g_pos.x,g_pos.y+1,g_dir))
    {
        g_pos.y++;
        return 0;
    }
```

```
        return -1;
}
void CopyBlockToData( )
{
    int x,y;
    int i;

    for(i=0;i<4;i++)
    {
        x=g_pos.x + g_type[g_patindex][g_dir][i].x;
        y=g_pos.y + g_type[g_patindex][g_dir][i].y;

        g_data[y][x]=MY_BLOCK;
    }
}
void GetNewBlock( )
{
    g_pos.x = 1+rand( )%(MY_W-5);
    g_pos.y = 1;
    g_dir=rand( )%4;
    g_patindex=rand( )%MY_PATSIZE;
}
void RunTimer( )
{
    static long oldT=0;
    long newT;
    static int  killTimer=0;

    if(-1==killTimer)
        return;

    newT=_GetTickCount( );
    if(abs(newT - oldT) < 100)
    {
        return;
    }
    else
    {
        oldT=newT;
    }

    if(-1==MoveBlockDown( ))
    {
```

```
        CopyBlockToData( );

        GetNewBlock( );

        if(-1==MoveBlockDown( ))
        {
            _Invalidate( );
            killTimer=-1;
            _MessageBox(40,10,20,10,"Game Over !");
        }
    }

    _Invalidate( );
}
void GameMain()
{
    RunIni( );
    while(1)
    {
        RunTimer( );
        if(-1==RunKey())
        {
            break;
        }
    }
}
```

05 좌우 방향키 입력에는 떨어지는 블록의 위치를 좌우로 이동시키고, 스페이스키 입력에는 떨어지는 블록을 가장 밑으로 단시간에 떨어지게 한다.

```
void MoveToEnd( );

void MoveToEnd( )
{
    while(1)
    {
        if(-1==MoveBlockDown( ))
        {
            CopyBlockToData( );

            GetNewBlock( );
```

```
            break;
        }
    }
}
int RunKey()
{
    char k;

    k=_GetKey();
    if(-1==k) return 0;
    if('q'==k)
    {
        return -1;
    }
    else
    {

    }

    if(MY_LEFT == k)
    {
        if(0==CheckBlockMove(g_pos.x-1,g_pos.y,g_dir))
        {
            g_pos.x--;
        }
    }
    else if(MY_RIGHT==k)
    {
        if(0==CheckBlockMove(g_pos.x+1,g_pos.y,g_dir))
        {
            g_pos.x++;
        }
    }
    else if(MY_SPACE == k)
    {
        MoveToEnd( );
    }

    _Invalidate();

    return 0;
}
```

06 UP, DOWN 키 입력에 대하여 현재 패턴을 회전시키는 기능을 구현한다.

```
int RunKey()
{
    char k;

    k=_GetKey();
    if(-1==k) return 0;
    if('q'==k)
    {
        return -1;
    }
    else
    {

    }

    if(MY_LEFT == k)
    {
        if(0==CheckBlockMove(g_pos.x-1,g_pos.y,g_dir))
        {
            g_pos.x--;
        }
    }
    else if(MY_RIGHT==k)
    {
        if(0==CheckBlockMove(g_pos.x+1,g_pos.y,g_dir))
        {
            g_pos.x++;
        }
    }
    else if(MY_SPACE == k)
    {
        MoveToEnd();
    }
    else if(MY_UP == k)
    {
        int dir=g_dir;

        dir++;
        if(3 < dir ) dir=0;
        if(0==CheckBlockMove(g_pos.x,g_pos.y,dir))
        {
            g_dir=dir;
```

```
            _Invalidate( );
        }
    }
    else if(MY_DOWN == k)
    {
        int dir=g_dir;

        dir--;
        if(dir < 0) dir=3;
        if(0==CheckBlockMove(g_pos.x,g_pos.y,dir))
        {
            g_dir=dir;
            _Invalidate( );
        }
    }

    _Invalidate();

    return 0;
}
```

07 동일한 라인에 블록이 모두 채워져 있으면 해당 라인을 소거하고 모든 내용을 아래쪽으로 한 칸 내리는 기능을 구현한다.

```
void DownBlock(int y);
void CheckSameBlock( );

void DownBlock(int y)
{
    int x;

    for( ; 1 <= y;y--)
    {
        for(x=1;x<MY_W -1;x++)
        {
            if(1==y)
            {
                g_data[y][x]=MY_BLANK;
            }
            else
            {
                g_data[y][x]=g_data[y-1][x];
```

```
            }
        }
    }
}
void CheckSameBlock( )
{
    int x,y;

    for(y=MY_H-2;0<y;y--)
    {
        int same=0;
        for(x=1;x<MY_W-1;x++)
        {
            if(MY_BLOCK != g_data[y][x])
            {
                same=-1;
                break;
            }
        }

        if(0==same)
        {
            DownBlock(y);
            y++;
        }
    }
}
void MoveToEnd()
{
    while(1)
    {
        if(-1==MoveBlockDown())
        {
            CopyBlockToData();
            CheckSameBlock( );

            GetNewBlock();

            break;
        }
    }
}
void RunTimer()
```

```
{
    static long oldT=0;
    long newT;
    static int  killTimer=0;

    if(-1==killTimer)
        return;

    newT=_GetTickCount();
    if(abs(newT - oldT) < 100)
    {
        return;
    }
    else
    {
        oldT=newT;
    }

    if(-1==MoveBlockDown())
    {
        CopyBlockToData();
        CheckSameBlock();

        GetNewBlock();

        if(-1==MoveBlockDown())
        {
            _Invalidate();
            killTimer=-1;
            _MessageBox(40,10,20,10,"Game Over !");
        }
    }

    _Invalidate();
}
```

완성된 소스

```
#include <stdio.h>
#include <stdlib.h>
#include "mtg.h"
```

```
#define MY_W 10 + 2
#define MY_H 20 + 2
#define MY_WALL   0
#define MY_BLANK  1
#define MY_BLOCK  2

#define MY_PATSIZE   2
#define MY_LEFT     75
#define MY_RIGHT    77
#define MY_UP       72
#define MY_DOWN     80
#define MY_SPACE    32

typedef struct
{
   int x;
   int y;
}S_POINT;

int g_data[MY_H][MY_W];
S_POINT g_type[MY_PATSIZE][4][4]={
   {{0,0,1,0,2,0,3,0},{1,0,1,1,1,2,1,3},{0,0,1,0,2,0,3,0},{1,0,1,1,1,2,1,3}},
   {{1,1,2,1,1,2,2,2},{1,1,2,1,1,2,2,2},{1,1,2,1,1,2,2,2},{1,1,2,1,1,2,2,2}},
};
int g_dir=0;
int g_patindex=0;
S_POINT g_pos={1,1};

void DataIni();
void DrawData();
void DrawBlock();
void DrawHelp();

int CheckBlockMove(int dx,int dy,int dir);
int MoveBlockDown();
void CopyBlockToData();
void GetNewBlock();
void MoveToEnd();

void DownBlock(int y);
void CheckSameBlock();
```

```
void DrawHelp()
{
    _DrawText(32,10,"Tetris ver 0.1");
    _DrawText(32,11,"q: exit, lefe,right: move , up,down: rotation");
}

void DrawData()
{
    int x,y;

    for(y=0;y<MY_H;y++)
    {
        for(x=0;x<MY_W;x++)
        {
            if(MY_WALL==g_data[y][x])
            {
                _DrawText(x*2,y,"□");
            }
            else if(MY_BLANK == g_data[y][x])
            {
                _DrawText(x*2,y,".");
            }
            else
            {
                _DrawText(x*2,y,"■");
            }
        }
    }
}
void DrawBlock()
{
    int x,y,i;

    for(i=0;i<4;i++)
    {
        x=g_pos.x + g_type[g_patindex][g_dir][i].x;
        y=g_pos.y + g_type[g_patindex][g_dir][i].y;
        _DrawText(x*2,y,"■");
    }
}

void DataIni()
{
```

```
    int x,y;

    for(y=0;y<MY_H;y++)
    {
        for(x=0;x<MY_W;x++)
        {
            if(0==x || y == 0 || MY_W == (x+1) || MY_H == (y+1))
            {
                g_data[y][x]=MY_WALL;
            }
            else
            {
                g_data[y][x]=MY_BLANK;
            }
        }
    }
}
void CheckSameBlock()
{
    int x,y;

    for(y=MY_H-2;0<y;y--)
    {
        int same=0;
        for(x=1;x<MY_W-1;x++)
        {
            if(MY_BLOCK != g_data[y][x])
            {
                same=-1;
                break;
            }
        }

        if(0==same)
        {
            DownBlock(y);
            y++;
        }
    }
}
int CheckBlockMove(int dx,int dy,int dir)
{
    int x,y;
```

```
    int i;

    for(i=0;i<4;i++)
    {
        x=dx + g_type[g_patindex][dir][i].x;
        y=dy + g_type[g_patindex][dir][i].y;
        if(MY_BLANK != g_data[y][x])
        {
            return -1;
        }
    }

    return 0;
}
int MoveBlockDown()
{
    if(0==CheckBlockMove(g_pos.x,g_pos.y+1,g_dir))
    {
        g_pos.y++;
        return 0;
    }
    return -1;
}
void CopyBlockToData()
{
    int x,y;
    int i;

    for(i=0;i<4;i++)
    {
        x=g_pos.x + g_type[g_patindex][g_dir][i].x;
        y=g_pos.y + g_type[g_patindex][g_dir][i].y;

        g_data[y][x]=MY_BLOCK;
    }
}
void GetNewBlock()
{
    g_pos.x = 1+rand()%(MY_W-5);
    g_pos.y = 1;
    g_dir=rand()%4;
    g_patindex=rand()%MY_PATSIZE;
}
```

```
void MoveToEnd()
{
    while(1)
    {
        if(-1==MoveBlockDown())
        {
            CopyBlockToData();
            CheckSameBlock();

            GetNewBlock();

            break;
        }
    }
}
void DownBlock(int y)
{
    int x;

    for( ; 1 <= y;y--)
    {
        for(x=1;x<MY_W -1;x++)
        {
            if(1==y)
            {
                g_data[y][x]=MY_BLANK;
            }
            else
            {
                g_data[y][x]=g_data[y-1][x];
            }
        }
    }
}
/////////////////////////////
void Draw()
{
    DrawData();
    DrawBlock();
    DrawHelp();
}
void RunIni()
{
```

```
        DataIni();
        _Invalidate();
    }
    int RunKey()
    {
        char k;

        k=_GetKey();
        if(-1==k) return 0;
        if('q'==k)
        {
            return -1;
        }
        else
        {

        }

        if(MY_LEFT == k)
        {
            if(0==CheckBlockMove(g_pos.x-1,g_pos.y,g_dir))
            {
                g_pos.x--;
            }
        }
        else if(MY_RIGHT==k)
        {
            if(0==CheckBlockMove(g_pos.x+1,g_pos.y,g_dir))
            {
                g_pos.x++;
            }
        }
        else if(MY_SPACE == k)
        {
            MoveToEnd();
        }
        else if(MY_UP == k)
        {
            int dir=g_dir;

            dir++;
            if(3 < dir ) dir=0;
            if(0==CheckBlockMove(g_pos.x,g_pos.y,dir))
```

```
        {
            g_dir=dir;
            _Invalidate();
        }
    }
    else if(MY_DOWN == k)
    {
        int dir=g_dir;

        dir--;
        if(dir < 0) dir=3;
        if(0==CheckBlockMove(g_pos.x,g_pos.y,dir))
        {
            g_dir=dir;
            _Invalidate();
        }
    }

    _Invalidate();

    return 0;
}
void RunTimer()
{
    static long oldT=0;
    long newT;
    static int  killTimer=0;

    if(-1==killTimer)
        return;

    newT=_GetTickCount();
    if(abs(newT - oldT) < 100)
    {
        return;
    }
    else
    {
        oldT=newT;
    }

    if(-1==MoveBlockDown())
    {
```

```
        CopyBlockToData();
        CheckSameBlock();

        GetNewBlock();

        if(-1==MoveBlockDown())
        {
            _Invalidate();
            killTimer=-1;
            _MessageBox(40,10,20,10,"Game Over !");
        }
    }

    _Invalidate();
}
void GameMain()
{
    RunIni();
    while(1)
    {
        RunTimer();
        if(-1==RunKey())
        {
            break;
        }
    }
}
int main()
{
    _BeginWindow();
    GameMain();
    _EndWindow();
    return 0;
}
```

04 내공쌓기

1 기본 틀을 준비한다.

2 기본 자료 구조를 선언하고 초기화한다.

3 기본맵을 그리고 화면에 떨어지고 있는 현재 블록을 그린다.

4 타이머를 설치하고 아래쪽으로 움직일 수 있는지 체크하여 움직일 수 있으면 아래로 움직이고, 움직일 수 없으면 data에 저장한 후 새로운 블록을 시작한다. 만약 새로운 블록을 시작할 수 없으면 게임 종료를 선언한다.

5 좌우 방향키 입력에는 떨어지는 블록의 위치를 좌우로 이동시키고, 스페이스키 입력에는 떨어지는 블록을 가장 밑으로 단시간에 떨어지게 한다.

6 UP, DOWN 키 입력에 대하여 현재 패턴을 회전시키는 기능을 구현한다.

7 동일한 라인에 블록이 모두 채워져 있으면 해당 라인을 소거하고 모든 내용을 아래쪽으로 한 칸 내리는 기능을 구현한다.

05 구조공략

1. 프로그램을 구성하는 모든 함수를 조사하고 그 기능을 기술하라. 또 각 함수의 리턴값의 의미 및 범위를 조사하고, 입력 파라미터도 동일한 방법으로 조사하라.

2. 전역변수가 있다면 그 용도와 값의 범위를 조사하라.

3. 각 함수의 내부 로직을 간단하게 기술하고 필요한 임시 변수를 기술하고 그 용도를 조사하라.

4. main( ) 함수를 출발점으로 각 함수 사이의 호출 그래프를 완성하라.

5. 자신이 만들어 놓은 설계도를 기반으로 코드를 완성해 보라.

06

확장공략

1 현재 테트리스는 떨어지는 블록의 유형이 2가지로 한정적이다. 좀 더 다양한 블록을 설계하고 적용하라.

2 완성도 높은 많은 테트리스가 화면의 일부분에 다음에 떨어질 블록의 모양을 미리 보여 주는 기능을 가지고 있다. 이 기능을 추가하라.

Quest 12

산성비

01 프롤로그

산성비는 타자 연습 프로그램으로 화면에 특정 단어가 일정 시간 간격을 두고 밑으로 떨어지면 플레이어는 키보드로 그 단어를 입력해서 단어를 없애는 게임이다. 준비된 단어가 모두 없어지면 게임이 끝나게 된다. 게임의 목적은 단어를 많이 일치시켜 점수를 높게 얻는 것이다.

02 기초공략

Item 01 mtg에서 키보드로 문자열 입력하기

mtg에서 문자열을 입력 받는 함수는 없다. mtg는 기본적으로 동기적 구조를 가지고 있기 때문에 주기적으로 키보드로 입력된 문자를 체크하는 구조를 가지고 있을 뿐이다. 이러한 구조에서 지속적으로 문자를 입력받기 위해서는 특별한 방법이 필요하다.

첫째 char 형 배열을 준비하고 현재 입력될 위치를 표시하는 인덱스 변수를 두고 그 값의 위치에 null(0 or '₩0') 을 넣어서 문자열의 끝임을 표시한다.

이후 키 입력이 들어오면 특수 문자인 경우를 제외하고 현재 인덱스가 가리키는 곳에 입력된 문자의 값을 넣고 인덱스를 1 증가시키고 증가된 인덱스의 위치에 null 값을 넣어 문자열의 끝을 표시한다.

특수 문자 중 backspace 기능을 구현하려고 하면 인덱스 값을 1 감소시키고 감소된 곳에 null을 넣어 기존의 입력된 한 개의 문자를 취소하면 된다.

아래 코드는 mtg에서 키보드로 문자열 입력을 처리하는 코드이다.

```
char g_key[20]={0}; //입력된 문자를 저장하는 배열
int g_index=0; //현재 입력되고 있는 위치를 나타내는 인덱스 변수

void Draw()
{

}
int RunKey()
{
    char key;

    key=_GetKey();
    if(-1==key) return 0; //아무 키도 눌러지지 않으면 종료
```

```
    if(BACK_SPACE == key) //BackSpace 키인 경우
    {
        g_index--;
        g_key[g_index]=0;
    }
    else if(기타 특수키 처리)
    {
    }
    else
    {
        g_key[g_index]=key;
        g_index++;
        g_key[g_index]=0;
    }

    sprintf(g_debug,"key:%d",key);
    _Invalidate();

    return 0;
}
void GameMain()
{
    while(1)
    {
        if(-1==RunKey())
        {
            break;
        }
    }
}
int main()
{
    _BeginWindow();
    GameMain();
    _EndWindow();
    return 0;
}
```

Item 02 파일에서 라인단위로 문자열 읽어 오기

C 언어에서 파일 작업을 위해서는 사용할 파일에 대한 사용권한을 얻어야한다. 그리고 이 권한을 이용하여 파일 작업(읽기, 쓰기 등)을 하고 사용이 끝나면 이 권한을 운영체제에게 반납해야 한다. 파일에 대한 사용권한은 'FILE*'의 자료 형태로 받을 수 있다. 파일에 대한 권한을 얻을 때는 사용할 파일의 이름과 사용 목적(읽기, 쓰기, 양쪽)을 표기해 주어야 한다.
사용이 끝난 파일은 꼭 사용권한을 돌려주는 것이 좋다.

아래의 예는 1.txt 파일을 읽기 목적으로 사용권한을 얻고 이후 사용권한을 돌려주는 예제이다.

```
FILE* fp;

fp=fopen("1.txt","r"); //1.txt 파일을 읽기 목적으로 열어 접근 권한을 얻어 왔다.
 ...  //여기서 파일을 읽음
fclose(fp);
```

파일을 읽는 방법에는 여러 가지가 있다. 한 문자씩 읽는 방법과 라인 단위로 읽는 방법이 있다. 이 두 가지 방법은 각각의 그 쓰임새가 다르다. 여기서는 라인 단위로 문자열을 파일에서 읽어오는 fgets( ) 함수를 설명한다. 이 함수의 정의는 아래와 같다.

```
#include <stdio.h>
char *fgets(char *s, int size, FILE *stream);
```

이 함수는 stream 파일 사용권한으로부터 최대 크기가 size인 버퍼 s에 한 라인을 읽어 오는 함수이다. 만약 문제가 발생하거나 파일의 끝에 도달하면 NULL 값을 리턴한다. 특히 주의할 것은 읽어온 문자열의 끝에는 줄 변경("₩n")이 포함되어 있다는 점이다.

이 함수를 이용하여 특정 파일을 열고 끝까지 읽는 코드는 아래와 같다.

```
FILE* fp;
char line[80];

fp =fopen("1.txt","r");
while(1)
{
    if(NULL==fgets(line,sizeof(line),fp))
    {
        break;
```

```
    }

    printf("%s",line);
}

fclose(fp);
```

Item 03 2차원 배열을 이용한 문자열 저장

일반적으로 C에서 한 개의 문자열은 아래와 같이 1차원 배열을 사용하여 표현된다.

```
char my[10];
```

즉, my에는 최대 10자('₩0' 포함)의 길이를 가지고 있는 문자열을 저장할 수 있다. 만약 이러한 문자열을 최대 5개를 저장하려고 하면 어떻게 하면 될까? 답은 2차원 배열을 사용하는 것이다.

```
char my[5][20]; //최대 20 자리의 길이를 가지는 문자열 5개를 저장할 수 있음.
```

그럼 이렇게 준비된 다중 문자열을 위한 2차원 배열에서 3번째 단어에 특정한 값을 복사하려고 하면 어떻게 하면 될까? 아래에 예제 코드가 있다.

```
char temp[20]="hahaha";
char my[5][20];

strcpy(my[2],temp); //temp의 내용을 my의 3번째 단어 위치에 복사하기
strcpy(temp,my[1]); //my의 2번째 단어를 temp에 복사하기
```

위의 코드에서 보듯이 2차원 배열에서 my[2][3]은 특정 위치 1칸을 가리키고, my[2]는 3번째 단어의 시작점에 대한 포인터를 가리킨다는 점에 주의해야 한다.

Item 04 문자열에서 단어 분리(파싱)하기

아래와 같이 문자열이 있을 때 이 문자열에서 콤마(",")를 중심으로 단어를 분리해서 2차원 배열에 넣는 방법을 생각해 보자.

```
char word[10][20];
char line[80]={"111,222,333,444"};
```

방법은 line에서 분리자인 ","를 찾아서 "111", "222", "333", "444"를 각각 분리하는 것이다. C에서는 문자열에서 특수한 문자를 찾아 분리하는 함수로 'strtok()'라는 함수를 사용할 수 있다. 물론 자신이 문자열을 직접 조작하여 strtok와 유사한 함수를 만들 수도 있다.

아래의 예는 strtok() 함수를 사용하여 문자열을 분리하는 과정을 보여 준다.

```
char word[10][20];
char line[80]={"111,222,333,444"};
int index=0;

char* token;

token=strtok(line,",");
//token에는 "111"의 포인터가( 끝에 문자열 종료 기호 포함됨) ,line에는 "222,333,444"가 남게 된다.
strcpy(word[index],token);
index++;

token=strtok(NULL,","); //소스부분이 NULL이 들어감에 주의해야 한다.
//token에는 "222"의 포인터가 남게 된다.
strcpy(word[index],token);
index++;

token=strtok(NULL,","); //token에는 "333"의 포인터가 남게 된다.
strcpy(word[index],token);
index++;

token=strtok(NULL,","); //token에는 "444"의 포인터가 남게 된다.
strcpy(word[index],token);
index++;

token=strtok(NULL,","); //token에는 NULL이 리턴
...
```

strtok() 함수를 사용할 때 특히 주의해야 하는 것은 strtok를 처음 호출하고 나면 원본 문자열이 변경된다는 점이다. 즉, 위의 경우 처음 strtok()가 불려지고 나면 line의 내용이 변경된다. 어떻게 변경되는지는 독자가 직접 확인해 보길 바란다. 따라서 strtok()를 사용하여 문자열을 분리하고 싶으면 임시 버퍼에 복사하여 사용하는 것이 나중에 발생할 버그를 줄이는 방법일 것이다.

아래 코드는 위쪽에 나온 코드를 while() 문을 사용하여 간략하게 정리한 코드다.

```
char* token;
char words[10][20];
char line[80]="111,222,333,444";
int index=0;

token=strtok(line,",");
while(1)
{
    strcpy(words[index],token);
    index++;

    token=strtok(NULL,",");
    if(NULL==token)
    {
        break;
    }
}
```

특히 파일에서 라인 단위로 읽어온 문자열의 경우는 라인 끝에 '₩n' 문자가 포함되어 있기 때문에 구분 문자를 단순히 ','로 하지 말고 ",₩n"으로 해야 '₩n'이 분리된다.

Item 05 산성비의 자료 구조

산성비의 기본 자료 구조는 다음과 같다. 먼저 파일에서 읽어온 단어를 저장한 2차원 배열이 필요하다. 그리고 현재 떨어지고 있는 단어를 나타내기 위해 위치, 내용을 포함하는 자료 구조가 필요하며, 플레이어가 입력하는 단어를 저장하기 위한 1차원 배열과 현재 입력된 문자열의 끝을 알리는 인덱스 변수가 필요하다.

단어가 경계선을 지났거나 플레이어가 맞추게 되면 다음 단어를 가지고 와야 한다. 2차원 배열의 단어장에서 현재 몇 번째 단어를 가지고 왔는지 인덱스 변수를 두고 관리하면 된다. 만약 인덱스 변수가 단어장에 있는 단어의 개수를 초과하면 게임이 종료된다.

```
//떨어지는 단어를 표현하기 위한 구조체
typedef struct
{
    char word[MY_MAX_LEN]; //떨어지는 단어의 내용
    int x; //화면의 x 위치
    int y; //화면의 y 위치
    int index; //복사해올 단어의 인덱스
}S_WORD;

//파일에서 읽어온 단어의 총수
int g_max_words_size=0;

//파일에서 읽어온 단어를 저장할 2차원 배열
char g_words[MY_MAX_WORD][MY_MAX_LEN];

//떨어지고 있는 단어
S_WORD g_word;

//사용자가 입력한 단어
S_WORD g_key;
```

03 코딩공략

01 기본 틀을 준비한다.

```
#include <stdio.h>
#include <stdlib.h>
#include "mtg.h"

//게임의 논리 처리를 위한 전역변수 선언

void Draw()
{

}
void RunIni()
{


    _Invalidate();
}
int RunKey()
{
    char k;

    k=_GetKey();
    if(-1==k) return 0;
    if('q'==k)
    {
        return -1;
    }
    else
    {

    }

    _Invalidate();

    return 0;
```

```
}
void GameMain()
{
    RunIni();
    while(1)
    {
        if(-1==RunKey())
        {
            break;
        }
    }
}
int main()
{
    _BeginWindow();
    GameMain();
    _EndWindow();
    return 0;
}
```

02 별명을 만들고 기본 자료를 선언한다. 문자열을 다룰 〈string.h〉를 포함한다.

```
#include <stdio.h>
#include <stdlib.h>
#include <string.h>
#include "mtg.h"

#define MY_KEY_F4           62
#define MY_KEY_ENTER        13
#define MY_KEY_BACKSPACE     8

#define MY_MAX_X         50
#define MY_MAX_Y         20
#define MY_MAX_WORD     100
#define MY_MAX_LEN       15

typedef struct
{
    char word[MY_MAX_LEN];
    int x;
    int y;
    int index;
```

```
}S_WORD;

int g_max_words_size=0;//저장되어 있는 단어의 최대 개수
char g_words[MY_MAX_WORD][MY_MAX_LEN]; //떨어질 단어를 저장하고 있는 2차원 배열

S_WORD g_word; //화면에 떨어지는 단어
S_WORD g_key; //사용자가 입력하는 단어

int g_play=0; //게임모드 0: PLAY GAME,  -1: STOP GAME
int g_score=0; //사용자의 점수
```

03 파일에서 단어를 가져와 자료 구조에 저장한다.
(텍스트 편집기로 words.txt 파일을 만들고 적당한 단어를 쓴다. 단, 1단어 당 1줄씩 사용한다.)

```
int LoadWords( );

int LoadWords( )
{
    int index;
    char temp[80];
    FILE* fp;
    char* token;

    fp=fopen("words.txt","r");
    if(NULL == fp)
        return -1;

    index=0;
    while(1)
    {
        if(NULL==fgets(temp,sizeof(temp),fp))
        {
            break;
        }
        token=strtok(temp,",₩n");
        while(1)
        {
            strcpy(g_words[index],token);
            index++;

            token=strtok(NULL,",₩n");
            if(NULL == token)
```

```
            {
                break;
            }
        }

    }
    g_max_words_size=index;
    fclose(fp);

    return 0;
}

void RunIni()
{
    if(-1==LoadWords())
    {
        _MessageBox(0,0,30,20,"File Load Error");
    }
    _Invalidate();
}
```

04 화면에 떨어질 단어를 가지고 오고 사용자가 입력하는 단어를 저장할 변수를 초기화한다.

```
int GetNextWord();

int GetNextWord()
{
    if(g_max_words_size <= g_word.index)
    {
        return -1;
    }
    else
    {
        g_word.x=rand()%MY_MAX_X;
        g_word.y=1;
    }
    strcpy(g_word.word,g_words[g_word.index]);
    g_word.index++;

    return 0;
}
void RunIni()
```

```
{
    if(-1==LoadWords())
    {
        _MessageBox(0,0,30,20,"File Load Error");
    }
    //다음에 떨어질 단어 가지고 오기
    g_word.index=0;
    GetNextWord();

    //사용자가 입력하는 단어를 위한 자료구조 초기화
    g_key.index=0;
    g_key.x=10;
    g_key.y=MY_MAX_Y+1;
    g_key.word[0]='₩0';

    _Invalidate();
}
```

05 기본적인 화면을 처리한다.

```
void ShowHelp();
void ShowScore();
void ShowInput();
void ShowWord();

void ShowScore()
{
    char temp[20];

    sprintf(temp,"score: %d",g_score);
    _DrawText(0,0,temp);
}
void ShowHelp()
{
    _DrawText(MY_MAX_X + 10,10,"산성비 ver0.1");
    _DrawText(MY_MAX_X + 10,11,"F4: exit");
}
void ShowWord()
{
    _DrawText(g_word.x,g_word.y,g_word.word);
}
void ShowInput()
```

```
{
    _DrawText(g_key.x,g_key.y,g_key.word);
}
void Draw()
{
    ShowHelp();
    ShowWord();
    ShowInput();
    ShowScore();
}
```

06 단어가 스스로 아래쪽 방향으로 떨어지게 타이머를 설치하고 게임종료 체크를 한다.

```
void RunTimer();
int CheckGameOver();

void RunTimer()
{
    static long oldT=0;
    long newT;

    if(-1==g_play) return;

    newT=_GetTickCount();
    if(abs(newT - oldT) < 1000)
    {
        return;
    }
    else
    {
        oldT=newT;
    }

    if(MY_MAX_Y < (g_word.y + 1))
    {
        if(-1==GetNextWord())
        {
            g_play=-1;
        }
    }
    else
    {
```

```
        g_word.y++;
    }

    _Invalidate( );

}
int CheckGameOver( )
{
    if(-1==g_play)
    {
        _Invalidate( );
        _MessageBox(0,0,20,5,"Game Over!");
        return -1;
    }

    return 0;
}
void GameMain()
{
    RunIni();
    while(1)
    {
        RunTimer( );
        if(-1==CheckGameOver( ))
        {
            break;
        }
        if(-1==RunKey())
        {
            break;
        }
    }
}
```

07 키보드 입력을 처리한다. F4는 종료, 엔터키는 떨어지는 단어와 비교, 백스페이스는 앞서 입력된 문자를 취소시킨다.

```
int RunKey()
{
    char k;

    k=_GetKey();
```

```
    if(-1==k) return 0;
    if('q'==k || MY_KEY_F4 == k)
    {
        return -1;
    }
    else
    {

    }

    if(MY_KEY_ENTER == k)
    {
        if(0==strcmp(g_key.word,g_word.word))
        {
            g_score = g_score + 100;
            if(-1==GetNextWord( ))
            {
                g_play=-1;
                return 0;
            }
        }

        g_key.index=0;
        g_key.word[g_key.index]='₩0';
    }
    else if(MY_KEY_BACKSPACE == k)
    {
        g_key.index--;
        if(g_key.index < 0)
        {
            g_key.index=0;
        }
        g_key.word[g_key.index]='₩0';
    }
    else
    {
        g_key.word[g_key.index++]=k;
        g_key.word[g_key.index]='₩0';
    }

    _Invalidate();

    return 0;
}
```

완성된 소스

```
#include <stdio.h>
#include <stdlib.h>
#include <string.h>
#include "mtg.h"

#define MY_KEY_F4         62
#define MY_KEY_ENTER      13
#define MY_KEY_BACKSPACE   8

#define MY_MAX_X     50
#define MY_MAX_Y     20
#define MY_MAX_WORD  100
#define MY_MAX_LEN   15

typedef struct
{
   char word[MY_MAX_LEN];
   int x;
   int y;
   int index;
}S_WORD;

int g_max_words_size=0;
char g_words[MY_MAX_WORD][MY_MAX_LEN];

S_WORD g_word;
S_WORD g_key;

int g_play=0;
int g_score=0;

int LoadWords();
int GetNextWord();
void ShowHelp();
void ShowScore();
void ShowInput();
void ShowWord();
void RunTimer();
int CheckGameOver();

int GetNextWord()
```

```
{
    if(g_max_words_size <= g_word.index)
    {
        return -1;
    }
    else
    {
        g_word.x=rand()%MY_MAX_X;
        g_word.y=1;
    }
    strcpy(g_word.word,g_words[g_word.index]);
    g_word.index++;

    return 0;
}

int LoadWords()
{
    int index;
    char temp[80];
    FILE* fp;
    char* token;

    fp=fopen("words.txt","r");
    if(NULL == fp)
        return -1;

    index=0;
    while(1)
    {
        if(NULL==fgets(temp,sizeof(temp),fp))
        {
            break;
        }
        token=strtok(temp,",₩n");
        while(1)
        {
            strcpy(g_words[index],token);
            index++;

            token=strtok(NULL,",₩n");
            if(NULL == token)
            {
```

```
                break;
            }
        }
    }
    g_max_words_size=index;
    fclose(fp);

    return 0;
}

void ShowScore()
{
    char temp[20];

    sprintf(temp,"score: %d",g_score);
    _DrawText(0,0,temp);
}
void ShowHelp()
{
    _DrawText(MY_MAX_X + 10,10,"산성비 ver0.1");
    _DrawText(MY_MAX_X + 10,11,"F4: exit");
}
void ShowWord()
{
    _DrawText(g_word.x,g_word.y,g_word.word);
}
void ShowInput()
{
    _DrawText(g_key.x,g_key.y,g_key.word);
}
void Draw()
{
    ShowHelp();
    ShowWord();
    ShowInput();
    ShowScore();
}
void RunIni()
{
    if(-1==LoadWords())
    {
        _MessageBox(0,0,30,20,"File Load Error");
    }
```

```
    g_word.index=0;
    GetNextWord();

    g_key.index=0;
    g_key.x=10;
    g_key.y=MY_MAX_Y+1;
    g_key.word[0]='₩0';

    _Invalidate();
}
int RunKey()
{
    char k;

    k=_GetKey();
    if(-1==k) return 0;
    if('q'==k || MY_KEY_F4 == k)
    {
        return -1;
    }
    else
    {

    }

    if(MY_KEY_ENTER == k)
    {
        if(0==strcmp(g_key.word,g_word.word))
        {
            g_score = g_score + 100;
            if(-1==GetNextWord())
            {
                g_play=-1;
                return 0;
            }
        }

        g_key.index=0;
        g_key.word[g_key.index]='₩0';
    }
    else if(MY_KEY_BACKSPACE == k)
    {
```

```
        g_key.index--;
        if(g_key.index < 0)
        {
            g_key.index=0;
        }
        g_key.word[g_key.index]='₩0';
    }
    else
    {
        g_key.word[g_key.index++]=k;
        g_key.word[g_key.index]='₩0';
    }

    _Invalidate();

    return 0;
}
void RunTimer()
{
    static long oldT=0;
    long newT;

    if(-1==g_play) return;

    newT=_GetTickCount();
    if(abs(newT - oldT) < 1000)
    {
        return;
    }
    else
    {
        oldT=newT;
    }

    if(MY_MAX_Y < (g_word.y + 1))
    {
        if(-1==GetNextWord())
        {
            g_play=-1;
        }
    }
    else
    {
```

```
        g_word.y++;
    }

    _Invalidate();

}
int CheckGameOver()
{
    if(-1==g_play)
    {
        _Invalidate();
        _MessageBox(0,0,20,5,"Game Over!");
        return -1;
    }

    return 0;
}
void GameMain()
{
    RunIni();
    while(1)
    {
        RunTimer();
        if(-1==CheckGameOver())
        {
            break;
        }
        if(-1==RunKey())
        {
            break;
        }
    }
}
int main()
{
    _BeginWindow();
    GameMain();
    _EndWindow();
    return 0;
}
```

04 내공쌓기

1 기본 틀을 준비한다.

2 별명을 만들고 기본 자료를 선언한다. 문자열을 다룰 〈string.h〉를 포함한다.

3 파일에서 단어를 가져와 자료 구조에 저장한다.

4 화면에 떨어질 단어를 가지고 오고 사용자가 입력하는 단어를 저장할 변수를 초기화한다.

5 기본적인 화면을 처리한다.

6 단어가 스스로 아래쪽 방향으로 떨어지게 타이머를 설치하고 게임종료 체크를 한다.

7 키보드 입력을 처리한다. F4는 종료, 엔터키는 떨어지는 단어와 비교, 백스페이스는 앞서 입력된 문자를 취소시킨다.

05 구조공략

1 프로그램을 구성하는 모든 함수를 조사하고 그 기능을 기술하라. 또 각 함수의 리턴값의 의미 및 범위를 조사하고 입력 파라미터도 동일한 방법으로 조사하라.

2 전역변수가 있다면 그 용도와 값의 범위를 조사하라.

3 각 함수의 내부 로직을 간단하게 기술하고 필요한 임시 변수를 기술하고 그 용도를 조사하라.

4 main( ) 함수를 출발점으로 각 함수 사이의 호출 그래프를 완성하라.

5 자신이 만들어 놓은 설계도를 기반으로 코드를 완성해 보라.

06 확장공략

1 현재 화면에 한 개의 단어만 떨어지고 있는데 동시에 여러 개의 단어가 떨어지는 코드를 완성하라.

2 특정 단어를 맞추면 다른 단어들이 일정시간 동안 보이지 않는 이벤트 등 다양한 이벤트를 설계하고 구현하라.

3 화면 아래에 사각 블록을 만들어 놓고 단어를 맞추지 못하면 사각 블록을 한 개씩 소거하고 이 블록이 모두 소거되면 게임을 종료하도록 변경하라.

Quest 13

갤러그

01 프롤로그

갤러그는 슈팅게임의 고전이라고 할 수 있다. 화면 상단에 적의 우주선이 나타나서 제일 하단에 있는 플레이어를 공격한다. 적이 플레이어를 공격하는 방법은 적당한 위치에서 폭탄을 쏟아 붇는다. 플레이어는 좌우로 움직이면서 이 폭탄을 피해야 하며, 적의 우주선이 적당한 위치에 접근 했을 때 미사일을 발사하여 적을 파괴할 수 있다.

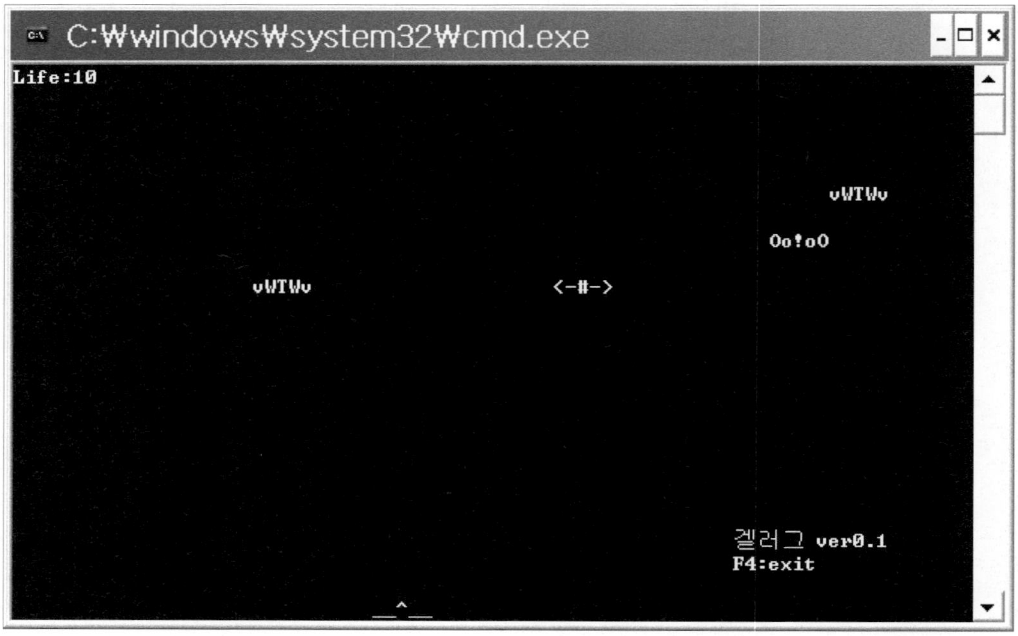

02 기초공략

Item 01 게임의 공통 자료 구조

갤러그에 등장하는 주체는 플레이어, 플레이어 우주선, 적 우주선, 플레이어가 발사하는 총알, 적이 발사하는 폭탄 등이 있다. 이들은 모두 공통적으로 필요한 정보들이 있다. 따라서 이러한 용도로 하나의 구조체를 선언하여 공용으로 사용하면 편리하다.

```
struct S_OBJECT
{
    int x; //화면에서 x 위치 좌표
    int y; //화면에서 y 위치 좌표
    int life; //생명력
    int type; //유형 (시각적 모양 유형)
    int dir; //움직이는 방향
};
```

객체의 종류에 따라 위의 자료 구조의 요소 중 사용되지 않는 것도 있을 수 있다.

Item 02 플레이어 우주선의 자료 구조 및 초기화

플레이어는 1대의 우주선만으로 모델링 되므로 아래와 같이 구조체 단일 변수로 표현되며, 간단하게 초기화를 하면 된다. 플레이어 객체의 움직임은 사용자에 의해서 결정 되므로 구조체의 요소 중 dir은 사용되지 않는다.

```
S_OBJECT g_player;

    //ini player
    g_player.x =40;
    g_player.y = 23;
    g_player.life =10;
```

Item 03 적 우주선의 자료 구조 및 초기화

적 우주선은 여러 대가 다양한 모습으로 존재 하므로 기본적으로 공통유형의 배열변수를 이용한 정적인 방법과 링크드 리스트를 이용한 동적 방법이 있다. 효율성이라는 관점에서는 링크드 리스트를 사용하는 방법이 유리하고 프로그래밍의 편의성이라는 면에서는 배열을 이용하는 것이 유리하다. 배열을 이용하여 표현하면 아래와 같다.

```
#define ENEMY_COUNT 4

#define ENEMY_TYPE_COUNT 4

char* g_Enemy_type[]={" ;:^:; "," zZWZz ", " oO@Oo ", " <-=-> "};
S_OBJECT g_Enemy[ENEMY_COUNT];


    //ini enemy
    for(i=0;i<ENEMY_COUNT;i++)
    {
        g_Enemy[i].x = rand()%70;
        g_Enemy[i].y = rand()%10;
        g_Enemy[i].life=10;
        g_Enemy[i].type=rand()%ENEMY_TYPE_COUNT;
        g_Enemy[i].dir=1;
    }
```

적 우주선을 표현할 배열을 선언하고 배열의 최대 크기 범위 내에서 자신이 원하는 만큼의 적을 표현한다. 플레이어에 의해 폭발한 적 우주선과 생존한 우주선은 life 값에 의해 표현하고 life 값이 0이면 죽은 것으로 간주하고 화면에 처리하지 않으면 된다.

Item 04 플레이어의 총알과 적 우주선 폭탄의 자료 구조

```
#define MAX_BULLET_COUNT   50
#define MAX_BOMB_COUNT     50

struct S_OBJECT
{
    int x;
```

```
    int y;
    int life;
    int type;
    int dir;
};

S_OBJECT g_bullet[MAX_BULLET_COUNT];
S_OBJECT g_bomb[MAX_BOMB_COUNT];
    return 0;
}
```

적 우주선을 구현하는 방법과 유사하게 총알이나 폭탄의 자료 구조를 구현하는 방법도 정적인 배열을 이용하는 방법과 동적인 링크드 리스트를 이용하는 방법이 있다. 총알이나 폭탄은 필요할 때 동적으로 생성되어야 한다는 것이 적들의 자료 구조와는 또 다른 차이가 있다. 여기서는 이해를 돕기 위해 정적인 배열로 구현하였다.

먼저 일정 크기의 배열로 총알이나 폭탄의 자료 구조를 선언한다. 그리고 life 값을 0으로 설정하여 총알이나 폭탄의 개수를 0개로 초기화한다. 이후 총알이 필요한 시점(플레이어가 총알을 발사함)이 오면 총알 배열을 앞에서부터 순차적으로 검색하여 life 값이 0인 것을 찾아 life 값을 특정 값으로 설정하면 된다. 폭탄도 동일한 방법을 사용하면 된다.

Item 05 적과 폭탄 및 총알의 자동적인 움직임 구현

폭탄과 총알은 life 값이 0 보다 큰 것이 있다는 것은 현재 화면에 폭탄이나 총알이 존재한다는 의미이다. 따라서 우리는 주기적인 시간을 두고 화면에 존재하는 폭탄이나 총알을 체크하여 존재 한다면 다음 단계로의 움직임을 구현하거나 충돌 체크를 해서 적당한 시점이 되면 life 값을 0으로 설정하여 화면에서 소거하는 작업이 필요하다.

이 책에서는 폭탄이 일정한 거리를 넘어설 때마다 life 값을 주기적으로 감소시켜 life 값이 0이면 소멸되는 방법을 사용하였다.

Item 06 총알 및 폭탄 발사

갤러그에서 총알은 플레이어가 특정한 key를 누르면 눌러질 때 마다 1개씩 총알 배열에서 life 값이 0인 것을 찾아 적당한 값으로 설정하면 된다. 또 적이 폭탄을 발사하는 알고리즘은 플레이어가 적의 특정 거리에 있으면 그때 마다 폭탄을 새로 생성하면 된다. 새로운 폭탄의 생성은 총알의 생성과 동일한 알고리즘을 사용하면 된다.

Item 07 충돌체크

갤러그에서 충돌은 다음과 같이 두 가지 경우가 있다. 총알과 적의 충돌, 폭탄과 플레이어의 충돌이 그것이다. 충돌을 감지하는 방법은 동일하다. 총알과 적의 충돌을 예를 들어 설명하면 다음과 같다. 총알이 생성되면 일정주기 마다 총알의 위치를 일정 크기만큼 이동시킨다. 이동이 끝난 후 적들의 자료 구조를 모두 검색해서 y의 위치가 같으면서 총알의 x값이 적의 범위(특정 범위의 x값)에 있으면 충돌로 간주한다. 충돌이 발생하면 총알의 life도 0으로 처리하고 충돌한 적의 life를 일정 크기만큼 감소시킨다. life가 0 이하인 적은 화면에서 표시되지 않게 되면 충돌체크의 대상에서도 제외되게 된다.

```
//g_player: 플레이어
//g_bomb: 적이 투하하는 폭탄 배열
void CheckBombCollision()
{
    int i;

    for(i=0;i<MAX_BOMB_COUNT;i++)
    {
        if(g_bomb[i].life <= 0) continue;

        if(g_bomb[i].y == g_player.y &&
            g_player.x <= g_bomb[i].x && g_bomb[i].x <= g_player.x+2)
        {
            g_player.life--;
            g_bomb[i].life=0;
        }
    }
}
```

03

코딩공략

01 기본 틀을 준비한다.

```
#include <stdio.h>
#include <stdlib.h>
#include "mtg.h"

//게임의 논리 처리를 위한 전역변수 선언

void Draw( )
{

}
void RunIni( )
{


    _Invalidate( );
}
int RunKey( )
{
    char k;

    k=_GetKey( );
    if(-1==k) return 0;
    if('q'==k)
    {
        return -1;
    }
    else
    {

    }

    _Invalidate( );

    return 0;
}
```

```
void GameMain( )
{
    RunIni( );
    while(1)
    {
        if(-1==RunKey( ))
        {
            break;
        }
    }
}
int main( )
{
    _BeginWindow( );
    GameMain( );
    _EndWindow( );
    return 0;
}
```

02 별명을 선언하고 필요한 자료 구조를 정한다.

```
#include <stdio.h>
#include <stdlib.h>
#include "mtg.h"

#define MY_KEY_F4      62  //종료키
#define MY_KEY_LEFT    75  //플레이어 왼쪽으로 움직이기
#define MY_KEY_RIGHT 77  //플레이어 오른쪽으로 움직이기
#define MY_KEY_GUN     32  //플레이어 포 발사(스페이스바)

#define ENEMY_COUNT 4    //적의 수
#define ENEMY_TYPE_COUNT 4 //적의 유형 수

#define MAX_BULLET_COUNT 50 //플레이어가 발사하는 총알의 최대 수
#define MAX_BOMB_COUNT   50 //적이 발사하는 포탄의 최대 수

#define PLAYER_YPOS 24 //플레이어의 화면상의 Y 위치

struct S_OBJECT
{
    int x;
    int y;
```

```
    int life;
    int type;
    int dir;
};

int g_game=0;
struct S_OBJECT g_Enemy[ENEMY_COUNT];
struct S_OBJECT g_player;

struct S_OBJECT g_bullet[MAX_BULLET_COUNT]; //플레이어가 사용하는 총알의 자료 구조
struct S_OBJECT g_bomb[MAX_BOMB_COUNT]; //적이 발사하는 포탄의 자료 구조

char* g_Enemy_type[]={"<-#->","Oo!oO",":;@;:","vWTWv"}; //적의 유형
```

03 플레이어와 적을 초기화하고 화면에 출력한다.

```
#include <stdio.h>
#include <stdlib.h>
#include <time.h>
#include "mtg.h"

void ShowHelp( );
void ShowPlayer( );
void ShowEnemy( );
void IniEnemy( );
void IniPlayer( );

void ShowHelp( )
{
    _DrawText(60,20,"갤러그 ver0.1");
    _DrawText(60,21,"F4:exit");
}
void ShowPlayer( )
{
    char temp[80];

    _DrawText(g_player.x,g_player.y,"__^__");
    sprintf(temp,"Life:%d",g_player.life);
    _DrawText(0,0,temp);
}
void ShowEnemy( )
{
```

```
    int i;

    for(i=0;i<ENEMY_COUNT;i++)
    {
        if(g_Enemy[i].life <= 0) continue;

        _DrawText(g_Enemy[i].x,g_Enemy[i].y,g_Enemy_type[g_Enemy[i].type]);
    }
}
void Draw()
{
    ShowHelp( );
    ShowPlayer( );
    ShowEnemy( );
}
void IniPlayer( )
{
    g_player.x=40;
    g_player.y=23;
    g_player.life=10;
}
void IniEnemy( )
{
    int i;

    for(i=0;i<ENEMY_COUNT;i++)
    {
        g_Enemy[i].x=rand( )%70;
        g_Enemy[i].y=rand( )%5;
        g_Enemy[i].life=10;
        g_Enemy[i].type=rand( )%ENEMY_TYPE_COUNT;
        g_Enemy[i].dir=1;
    }
}
void RunIni()
{
    srand(time(NULL));
    IniPlayer( );
    IniEnemy( );

    _Invalidate();
}
```

04 F4키로 종료를 처리하고 좌우방향키로 플레이어를 움직인다.

```
void MovePlayer(char k);

void MovePlayer(char k)
{
    switch(k)
    {
    case MY_KEY_LEFT:
        g_player.x = g_player.x - 1;
        if(g_player.x < 0)
        {
            g_player.x =0;
        }
        break;
    case MY_KEY_RIGHT:
        g_player.x = g_player.x + 1;
        if(70 < g_player.x )
        {
            g_player.x = 70;
        }
        break;
    default:
        break;
    }
}
int RunKey()
{
    char k;

    k=_GetKey();
    if(-1==k) return 0;
    if('q'==k || MY_KEY_F4==k)
    {
        return -1;
    }
    else
    {

    }

    MovePlayer(k);
    _Invalidate();
```

```
    return 0;
}
```

05 타이머를 설치하여 적의 움직임을 구현한다. 적은 상하 방향을 주기적으로 움직인다.

```
void MoveEnemy( );
void RunEnemyTimer( );

void MoveEnemy( )
{
    int i;

    for(i=0;i<ENEMY_COUNT;i++)
    {
        if(g_Enemy[i].life <= 0) continue;
        g_Enemy[i].y = g_Enemy[i].y + g_Enemy[i].dir;

        if(15 <= g_Enemy[i].y)
        {
            g_Enemy[i].dir = g_Enemy[i].dir * -1;
        }
        else if( g_Enemy[i].y <= 0 )
        {
            g_Enemy[i].dir = g_Enemy[i].dir * -1;
        }
    }
}
void RunEnemyTimer( )
{
    static long old_enemyT=0;
    long new_enemyT;

    new_enemyT=_GetTickCount( );
    if(abs(new_enemyT - old_enemyT) < 1000)
    {
        return;
    }
    else
    {
        old_enemyT=new_enemyT;
    }
```

```
    MoveEnemy();

    _Invalidate();
}
void GameMain()
{
    RunIni();
    while(1)
    {
        RunEnemyTimer();
        if(-1==RunKey())
        {
            break;
        }
    }
}
```

06 플레이어의 총알을 초기화하고 화면에 표시한다.

```
void IniBullet();
void ShowBullet();

void ShowBullet()
{
    int i;

    for(i=0;i<MAX_BULLET_COUNT;i++)
    {
        if(g_bullet[i].life <= 0) continue;

        _DrawText(g_bullet[i].x,g_bullet[i].y,"#");
    }
}
void Draw()
{
    ShowHelp();
    ShowPlayer();
    ShowEnemy();
    ShowBullet();
}
void IniBullet()
{
```

```
    int i;

    for(i=0;i<MAX_BULLET_COUNT;i++)
    {
        g_bullet[i].life=0;
    }
}
void RunIni()
{
    srand(time(NULL));
    IniPlayer();
    IniEnemy();
    IniBullet( );

    _Invalidate();
}
```

07 플레이어가 총알을 발사하도록 하고 총알의 움직임을 구현한다. 발사된 총알은 일정 지역에 다다르면 총알이 소멸된다.

```
void Fire(char k);
void RunBulletTimer( );
void MoveBullet( );

void Fire(char k)
{
    int i;

    if(MY_KEY_GUN==k)
    {
        for(i=0;i<MAX_BULLET_COUNT;i++)
        {
            if(0 < g_bullet[i].life) continue;

            g_bullet[i].x = g_player.x + 2;
            g_bullet[i].y = g_player.y - 1;
            g_bullet[i].life =10;
            break;
        }
    }
}
int RunKey()
```

```
{
    char k;

    k=_GetKey();
    if(-1==k) return 0;
    if('q'==k || MY_KEY_F4==k)
    {
       return -1;
    }
    else
    {

    }

    MovePlayer(k);
    Fire(k);

    _Invalidate();

    return 0;
}
void MoveBullet()
{
    int i;

    for(i=0;i<MAX_BULLET_COUNT;i++)
    {
        if(g_bullet[i].life <= 0) continue;
        g_bullet[i].life = g_bullet[i].life -1;
        g_bullet[i].y = g_bullet[i].y - 1;
    }
}
void RunBulletTimer()
{
    static long old_bulletT=0;
    long new_bulletT;

    new_bulletT=_GetTickCount();
    if(abs(new_bulletT - old_bulletT) < 50)
    {
        return;
    }
    else
```

```
    {
        old_bulletT=new_bulletT;
    }
    MoveBullet( );
    _Invalidate( );
}
void GameMain()
{
    RunIni();
    while(1)
    {
        RunEnemyTimer();
        RunBulletTimer( );
        if(-1==RunKey())
        {
            break;
        }
    }
}
```

08 총알과 적의 충돌을 체크한다. 충돌이 있으면 총알을 소거하고 적의 life값은 1 감소시킨다. 만약 적의 life값이 0 이하이면 적을 소거한다.

```
void CheckBulletCollision( );

void CheckBulletCollision( )
{
    int i,j;

    for(i=0;i<MAX_BULLET_COUNT;i++)
    {
        if(g_bullet[i].life <= 0) continue;

        for(j=0;j<ENEMY_COUNT;j++)
        {
            if(g_Enemy[j].life <= 0) continue;

            if(g_Enemy[j].y == g_bullet[i].y)
            {
                if(g_Enemy[j].x <= g_bullet[i].x &&
                g_bullet[i].x <= g_Enemy[j].x + 4 )
                {
```

```
                g_bullet[i].life=0;
                g_Enemy[j].life--;
                break;
            }
        }
    }
  }
}
void RunBulletTimer()
{
    static long old_bulletT=0;
    long new_bulletT;

    new_bulletT=_GetTickCount();
    if(abs(new_bulletT - old_bulletT) < 50)
    {
        return;
    }
    else
    {
        old_bulletT=new_bulletT;
    }
    MoveBullet();
    CheckBulletCollision( );

    _Invalidate();
}
```

09 적이 사용하는 포탄을 초기화하고 화면에 표시한다.

```
void IniBomb( );
void ShowBomb( );

void ShowBomb( )
{
    int i;

    for(i=0;i<MAX_BOMB_COUNT;i++)
    {
        if(g_bomb[i].life <= 0) continue;

        _DrawText(g_bomb[i].x,g_bomb[i].y,"@");
```

```
    }
}
void Draw()
{
    ShowHelp();
    ShowPlayer();
    ShowEnemy();
    ShowBullet();
    ShowBomb( );
}
void IniBomb( )
{
    int i;

    for(i=0;i<MAX_BOMB_COUNT;i++)
    {
        g_bomb[i].life=0;
        g_bomb[i].dir=1;
    }
}
void RunIni()
{
    srand(time(NULL));
    IniPlayer();
    IniEnemy();
    IniBullet();
    IniBomb( );

    _Invalidate();
}
```

10 적우주선이 플레이어의 일정 범위에 접근 했을 때 폭탄을 투하한다. 투하된 폭탄은 아래쪽 방향으로 움직이며 플레이어의 위치를 지나면 소거된다.

```
void DownBomb(int x,int y);
void MoveBomb( );
void RunBombTimer( );

void DownBomb(int x,int y)
{
    int i;
    for(i=0;i<MAX_BOMB_COUNT;i++)
```

```
    {
        if(g_bomb[i].life <= 0)
        {
            g_bomb[i].life=1;
            g_bomb[i].x = x;
            g_bomb[i].y = y;
            break;
        }
    }
}
void MoveEnemy()
{
    int i;

    for(i=0;i<ENEMY_COUNT;i++)
    {
        if(g_Enemy[i].life <= 0) continue;
        g_Enemy[i].y = g_Enemy[i].y + g_Enemy[i].dir;

        if(15 <= g_Enemy[i].y)
        {
            g_Enemy[i].dir = g_Enemy[i].dir * -1;
        }
        else if( g_Enemy[i].y <= 0)
        {
            g_Enemy[i].dir = g_Enemy[i].dir * -1;
        }

        if(g_Enemy[i].dir < 0 && g_Enemy[i].y <= 15 && 12 <= g_Enemy[i].y)
        {
                DownBomb(g_Enemy[i].x+2,g_Enemy[i].y);
        }
    }
}
void MoveBomb( )
{
    int i;

    for(i=0;i<MAX_BOMB_COUNT;i++)
    {
        if(g_bomb[i].life <= 0) continue;

        g_bomb[i].y++;
```

```
        if(g_player.y < g_bomb[i].y)
        {
            g_bomb[i].life=0;
        }

    }
}
void RunBombTimer( )
{
    static long old_bombT=0;
    long new_bombT;

    new_bombT=_GetTickCount( );

    if(abs(new_bombT - old_bombT) < 100)
    {
        return;
    }
    else
    {
        old_bombT=new_bombT;
    }

    MoveBomb( );
    _Invalidate( );
}
void GameMain()
{
    RunIni();
    while(1)
    {
        RunEnemyTimer();
        RunBulletTimer();
        RunBombTimer( );
        if(-1==RunKey())
        {
            break;
        }
    }
}
```

11 투하된 폭탄이 플레이어와 충돌화면 플레이어의 생명을 1 감소시킨다. 만약 플레이어의 생명이 0 이하이면 게임이 종료 된다.

```
void CheckBombCollision( );
int CheckGameOver( );

int CheckGameOver( )
{
    if(g_player.life <= 0)
    {
        _Invalidate( );
        _MessageBox(0,0,20,10,"Game Over!");
        return -1;
    }

    return 0;
}
void CheckBombCollision( )
{
    int i;

    for(i=0;i<MAX_BOMB_COUNT;i++)
    {
        if(g_bomb[i].life <= 0) continue;

        if(g_bomb[i].y == g_player.y &&
            g_player.x <= g_bomb[i].x && g_bomb[i].x <= g_player.x+2)
        {
            g_player.life--;
            g_bomb[i].life=0;
        }
    }
}
void RunBombTimer()
{
    static long old_bombT=0;
    long new_bombT;

    new_bombT=_GetTickCount();

    if(abs(new_bombT - old_bombT) < 100)
    {
        return;
    }
```

```
    else
    {
        old_bombT=new_bombT;
    }

    MoveBomb();
    CheckBombCollision();
    _Invalidate();
}
void GameMain()
{
    RunIni();
    while(1)
    {
        RunEnemyTimer();
        RunBulletTimer();
        RunBombTimer();
        if(-1==RunKey())
        {
            break;
        }
        if(-1==CheckGameOver())
        {
            break;
        }
    }
}
```

완성된 소스

```
#include <stdio.h>
#include <stdlib.h>
#include <time.h>
#include "mtg.h"

#define MY_KEY_F4       62
#define MY_KEY_LEFT     75
#define MY_KEY_RIGHT    77
#define MY_KEY_GUN      32

#define ENEMY_COUNT     4
```

```
#define ENEMY_TYPE_COUNT   4

#define MAX_BULLET_COUNT   50
#define MAX_BOMB_COUNT     50

#define PLAYER_YPOS        24

struct S_OBJECT
{
    int x;
    int y;
    int life;
    int type;
    int dir;
};

int g_game=0;
struct S_OBJECT g_Enemy[ENEMY_COUNT];
struct S_OBJECT g_player;

struct S_OBJECT g_bullet[MAX_BULLET_COUNT];
struct S_OBJECT g_bomb[MAX_BOMB_COUNT];

char* g_Enemy_type[]={"<-#->","Oo!oO",":;@;:","vWTWv"};

void ShowHelp();
void ShowPlayer();
void ShowEnemy();
void IniEnemy();
void IniPlayer();
void MovePlayer(char k);
void MoveEnemy();

void IniBullet();
void ShowBullet();
void Fire(char k);
void RunBulletTimer();
void MoveBullet();

void CheckBulletCollision();

void IniBomb();
void ShowBomb();
```

```
void DownBomb(int x,int y);
void MoveBomb();
void RunBombTimer();

void CheckBombCollision();
int CheckGameOver();

void ShowHelp()
{
    _DrawText(60,20,"갤러그 ver0.1");
    _DrawText(60,21,"F4:exit");
}
void ShowPlayer()
{
    char temp[80];

    _DrawText(g_player.x,g_player.y,"__^__");
    sprintf(temp,"Life:%d",g_player.life);
    _DrawText(0,0,temp);
}
void ShowEnemy()
{
    int i;

    for(i=0;i<ENEMY_COUNT;i++)
    {
        if(g_Enemy[i].life <= 0) continue;

        _DrawText(g_Enemy[i].x,g_Enemy[i].y,g_Enemy_type[g_Enemy[i].type]);
    }
}
void ShowBullet()
{
    int i;

    for(i=0;i<MAX_BULLET_COUNT;i++)
    {
        if(g_bullet[i].life <= 0) continue;

        _DrawText(g_bullet[i].x,g_bullet[i].y,"#");
    }
}
void ShowBomb()
```

```
{
    int i;

    for(i=0;i<MAX_BOMB_COUNT;i++)
    {
        if(g_bomb[i].life <= 0) continue;

        _DrawText(g_bomb[i].x,g_bomb[i].y,"@");
    }
}
void Draw()
{
    ShowHelp();
    ShowPlayer();
    ShowEnemy();
    ShowBullet();
    ShowBomb();
}
void IniPlayer()
{
    g_player.x=40;
    g_player.y=23;
    g_player.life=10;
}
void IniEnemy()
{
    int i;

    for(i=0;i<ENEMY_COUNT;i++)
    {
        g_Enemy[i].x=rand()%70;
        g_Enemy[i].y=rand()%5;
        g_Enemy[i].life=10;
        g_Enemy[i].type=rand()%ENEMY_TYPE_COUNT;
        g_Enemy[i].dir=1;
    }
}
void IniBullet()
{
    int i;

    for(i=0;i<MAX_BULLET_COUNT;i++)
    {
```

```
        g_bullet[i].life=0;
    }
}
void IniBomb()
{
    int i;

    for(i=0;i<MAX_BOMB_COUNT;i++)
    {
        g_bomb[i].life=0;
        g_bomb[i].dir=1;
    }
}
void RunIni()
{
    srand(time(NULL));
    IniPlayer();
    IniEnemy();
    IniBullet();
    IniBomb();

    _Invalidate();
}
void MovePlayer(char k)
{
    switch(k)
    {
    case MY_KEY_LEFT:
        g_player.x = g_player.x - 1;
        if(g_player.x < 0)
        {
            g_player.x =0;
        }
        break;
    case MY_KEY_RIGHT:
        g_player.x = g_player.x + 1;
        if(70 < g_player.x )
        {
            g_player.x = 70;
        }
        break;
    default:
        break;
```

```
    }
}
void Fire(char k)
{
    int i;

    if(MY_KEY_GUN==k)
    {
        for(i=0;i<MAX_BULLET_COUNT;i++)
        {
            if(0 < g_bullet[i].life) continue;

            g_bullet[i].x = g_player.x + 2;
            g_bullet[i].y = g_player.y - 1;
            g_bullet[i].life =10;
            break;
        }
    }
}
int RunKey()
{
    char k;

    k=_GetKey();
    if(-1==k) return 0;
    if('q'==k || MY_KEY_F4==k)
    {
        return -1;
    }
    else
    {

    }

    MovePlayer(k);
    Fire(k);

    _Invalidate();

    return 0;
}
void DownBomb(int x,int y)
{
```

```
    int i;

    for(i=0;i<MAX_BOMB_COUNT;i++)
    {
        if(g_bomb[i].life <= 0)
        {
            g_bomb[i].life=1;
            g_bomb[i].x = x;
            g_bomb[i].y = y;
            break;
        }
    }
}
void MoveEnemy()
{
    int i;

    for(i=0;i<ENEMY_COUNT;i++)
    {
        if(g_Enemy[i].life <= 0) continue;
        g_Enemy[i].y = g_Enemy[i].y + g_Enemy[i].dir;

        if(15 <= g_Enemy[i].y)
        {
            g_Enemy[i].dir = g_Enemy[i].dir * -1;
        }
        else if( g_Enemy[i].y <= 0)
        {
            g_Enemy[i].dir = g_Enemy[i].dir * -1;
        }

        if(g_Enemy[i].dir < 0 && g_Enemy[i].y <= 15 && 12 <= g_Enemy[i].y )
        {
            DownBomb(g_Enemy[i].x+2,g_Enemy[i].y);
        }
    }
}
void RunEnemyTimer()
{
    static long old_enemyT=0;
    long new_enemyT;

    new_enemyT=_GetTickCount();
```

```
    if(abs(new_enemyT - old_enemyT) < 1000)
    {
        return;
    }
    else
    {
        old_enemyT=new_enemyT;
    }

    MoveEnemy();

    _Invalidate();
}
void CheckBulletCollision()
{
    int i,j;

    for(i=0;i<MAX_BULLET_COUNT;i++)
    {
        if(g_bullet[i].life <= 0) continue;

        for(j=0;j<ENEMY_COUNT;j++)
        {
            if(g_Enemy[j].life <= 0) continue;

            if(g_Enemy[j].y == g_bullet[i].y)
            {
                if(g_Enemy[j].x <= g_bullet[i].x &&
                    g_bullet[i].x <= g_Enemy[j].x + 4 )
                {
                    g_bullet[i].life=0;
                    g_Enemy[j].life--;
                    break;
                }
            }
        }
    }
}
void MoveBullet()
{
    int i;

    for(i=0;i<MAX_BULLET_COUNT;i++)
```

```
    {
        if(g_bullet[i].life <= 0) continue;

        g_bullet[i].life = g_bullet[i].life -1;
        g_bullet[i].y = g_bullet[i].y - 1;
    }
}
void RunBulletTimer()
{
    static long old_bulletT=0;
    long new_bulletT;

    new_bulletT=_GetTickCount();
    if(abs(new_bulletT - old_bulletT) < 50)
    {
        return;
    }
    else
    {
        old_bulletT=new_bulletT;
    }
    MoveBullet();
    CheckBulletCollision();

    _Invalidate();
}

void MoveBomb()
{
    int i;

    for(i=0;i<MAX_BOMB_COUNT;i++)
    {
        if(g_bomb[i].life <= 0) continue;

        g_bomb[i].y++;
        if(g_player.y < g_bomb[i].y )
        {
            g_bomb[i].life=0;
        }

    }
}
```

```
int CheckGameOver()
{
    if(g_player.life <= 0)
    {
        _Invalidate();
        _MessageBox(0,0,20,10,"Game Over!");
        return -1;
    }

    return 0;
}
void CheckBombCollision()
{
    int i;

    for(i=0;i<MAX_BOMB_COUNT;i++)
    {
        if(g_bomb[i].life <= 0) continue;

        if(g_bomb[i].y == g_player.y &&
            g_player.x <= g_bomb[i].x && g_bomb[i].x <= g_player.x+2)
        {
            g_player.life--;
            g_bomb[i].life=0;
        }
    }
}
void RunBombTimer()
{
    static long old_bombT=0;
    long new_bombT;

    new_bombT=_GetTickCount();

    if(abs(new_bombT - old_bombT) < 100)
    {
        return;
    }
    else
    {
        old_bombT=new_bombT;
    }
```

```
    MoveBomb();
    CheckBombCollision();
    _Invalidate();
}
void GameMain()
{
    RunIni();
    while(1)
    {
        RunEnemyTimer();
        RunBulletTimer();
        RunBombTimer();
        if(-1==RunKey())
        {
            break;
        }
        if(-1==CheckGameOver())
        {
            break;
        }
    }
}
int main()
{
    _BeginWindow();
    GameMain();
    _EndWindow();
    return 0;
}
```

04 내공쌓기

1 기본 틀을 준비한다.

2 별명을 선언하고 필요한 자료 구조를 정한다.

3 플레이어와 적을 초기화하고 화면에 출력한다.

4 F4키로 종료를 처리하고 좌우방향키로 플레이어를 움직인다.

5 타이머를 설치하여 적의 움직임을 구현한다. 적은 상하 방향을 주기적으로 움직인다.

6 플레이어의 총알을 초기화하고 화면에 표시한다.

7 플레이어가 총알을 발사하도록 하고 총알의 움직임을 구현한다. 발사된 총알은 일정 지역에 다다르면 총알이 소멸된다.

8 총알과 적의 충동을 체크한다. 충돌이 있으면 총알을 소거하고 적의 life값은 1 감소시킨다. 만약 적의 life값이 0 이하이면 적을 소거한다.

9 적이 사용하는 포탄을 초기화하고 화면에 표시한다.

10 적우주선이 플레이어의 일정 범위에 접근 했을 때 폭탄을 투하한다. 투하된 폭탄은 아래쪽 방향으로 움직이며 플레이어의 위치를 지나면 소거된다.

11 투하된 폭탄이 플레이어와 충돌화면 플레이어의 생명을 1 감소시킨다. 만약 플레이어의 생명이 0 이하이면 게임이 종료 된다.

05 구조공략

1 프로그램을 구성하는 모든 함수를 조사하고 그 기능을 기술하라. 또 각 함수의 리턴값의 의미 및 범위를 조사하고 입력 파라미터도 동일한 방법으로 조사하라.

2 전역변수가 있다면 그 용도와 값의 범위를 조사하라.

3 각 함수의 내부 로직을 간단하게 기술하고 필요한 임시 변수를 기술하고 그 용도를 조사하라.

4 main( ) 함수를 출발점으로 각 함수 사이의 호출 그래프를 완성하라.

5 자신이 만들어 놓은 설계도를 기반으로 코드를 완성해 보라.

06

확장공략

1 적의 움직임은 극도로 단순화 되어 있다. 폭탄을 투하하는 알고리즘도 간단하다. 자신만의 알고리즘으로 변경하라.

2 플레이어가 발사하는 총알은 모두 날아가는 속도가 일정하다. 발사 위치에서부터 멀어질수록 속도를 감소시키는 알고리즘을 변경하라.

3 적, 총알, 폭탄의 자료 구조를 링크드 리스트를 이용하여 구현하라.

M·E·M·O

부록 I 확장팩

01_배경음악 및 효과음 추가(윈도우즈)

02_MTG에서 컬러문자 출력(윈도우즈)

03_MTG의 화면 출력 방법과 함수(윈도우즈)

04_게임 시작 타이틀 화면 제작

05_다중 스테이지 지원

여기서는 기본 mtg의 기능을 향상시킨 API들을 간략하게 소개한다. 기술상의 제약으로 특정 운영체제에서만 동작하는 API들은 해당 운영체제를 별도로 명시하였다.

01 배경음악 및 효과음 추가 (윈도우즈)

mtg로 만든 게임에 배경음악 및 효과음을 추가하는 방법은 “mtgsound.h”, “mtgsound.c” 파일을 프로젝트에 포함시키고, 배경음악이 필요한 곳에서 MTGPlay() 함수를 사용하여 음악을 연주하면 된다. 효과음이 필요한 곳에서는 MTGPlayWave() 함수를 사용한다. mtgsound의 배경음악에서 사용 가능한 파일 형태는 mp3 형식이며, 효과음은 wave 파일 형식을 사용한다.

배경음악 연주하기

① 원하는 배경음악 파일을 프로젝트 폴더에 준비한다.(예: back.mp3)

② 원하는 부분에서 배경 음악을 로딩한다.

```
MTGOpen("back.mp3");
```

③ 원하는 시점에서 배경음악을 연주한다.

```
MTGPlay();
```

④ 원하는 시점에서 배경음악을 변경한다.

```
MTGStop();
MTGOpen("1.mp3");
MTGPlay();
```

효과음악 연주하기

① 원하는 효과 음 파일을 프로젝트 폴더에 준비한다.(예: 충돌.wav)

② 원하는 시점에 효과 음악을 연주한다.

```
MTGPlayWave("충돌.wav",0);
```

특히 효과음악은 동시에 2개 이상의 음이 연주되어야 하기 때문에 MTGPlayWave() 함수의 2번째 인자값이 중요한데, mtg가 지원하는 동시 연주채널 수는 2개이며 0, 1로 구분한다. 채널 선택은 프로그래머가 적절하게 선택해서 사용하여야 한다. 특히 주의해야 하는 것은 채널1에서 효과음 연주가 끝나지 않은 상태에서 채널1로 다른 효과음을 연주하면 앞쪽에 있던 효과음이 강제로 멈추어지고 새로운 효과음이 연주된다. 아래에 mtgsound에서 구현되어 있는 유용한 주요 함수이름과 그 기능을 간단하게 정리하였다.

구분	함수 이름	기 능
배경음악	**void** MTGOpen(LPSTR filename);	파일열기
	BOOL MTGPause( );	연주 잠시 정지
	BOOL MTGPlay( );	연주하기
	BOOL MTGStop( );	연주정지하고 닫기
	int MTGGetVolume( );	현재 볼륨얻기(0 ~ 100)
	void MTGSetVolume(DWORD volume);	볼륨설정(0 ~ 100)
	...	헤더파일을 참조할 것
효과음악	**void** MTGPlayWave(**char*** filename, **int** ch);	효과음 연주하기

02 MTG에서 컬러문자 출력 (윈도우즈)

mtg에는 컬러문자를 출력하기 위한 함수들이 존재한다. mtg에서 출력 컬러를 변경하는 방법은 2가지가 있다. 첫째는 _DrawTextColor() 함수를 사용하는 방법이 있고, 둘째는 _SetColor()와 _DrawText() 함수를 같이 사용하는 방법이 있다. 물론 이 두 가지 방법을 혼용해서 사용해도 무리는 없다.

```
//잠시 원하는 컬러로 출력하는 방법

_DrawTextColor(x,y,"내용",color);


//출력 컬러를 설정하고 이후 모두 설정된 컬러로 출력하는 방법

_SetColor(color);
_DrawText(x,y,"ok"); //위에서 설정된 color로 출력됨
```

mtg 컬러문자 출력함수에서 사용하는 기본색은 아래와 같다.

```
#define  BLACK 0x0              // 0  : 검정
#define  DARK_BLUE 0x1          // 1  : 어두운 파랑
#define  DARK_GREEN 0x2         // 2  : 어두운 초록
#define  DARK_SKY_BLUE 0x3      // 3  : 어두운 하늘
#define  DARK_RED 0x4           // 4  : 어두운 빨강
#define  DARK_VOILET 0x5        // 5  : 어두운 보라
#define  DARK_YELLOW 0x6        // 6  : 어두운 노랑
#define  GRAY 0x7               // 7  : 회색
#define  DARK_GRAY 0x8          // 8  : 어두운 회색
#define  BLUE 0x9               // 9  : 파랑
#define  GREEN  0xA             // 10 : 초록
#define  SKY_BLUE 0xB           // 11 : 하늘
#define  RED 0xC                // 12 : 빨강
#define  VOILET 0xD             // 13 : 보라
#define  YELLOW 0xE             // 14 : 노랑
#define  WHITE 0xF              // 15 : 흰색
```

mtg 컬러 출력함수에서 사용하는 컬러값은 "배경색 x 16+문자색"으로 만들어 주면 된다. 참고로 mtg의 기본 색 설정은 검은색 배경에 흰색 문자(0*16 + 15) 이다. 아래에서 컬러를 만드는 예를 보였다.

- 공식 : 배경색 * 16 + 문자색
- 노란색 바탕에 검은색 문자 : 14*16 + 0
- 흰색 바탕에 초록색 문자　: 15*16 + 10
- 검은색 바탕에 노란색 문자 : 0*16 + 14

03 MTG의 화면 출력 방법과 함수(윈도우즈)

mtg에서 화면에 문자를 출력하는 방법은 두 종류로 나누어진다. 먼저 중앙집중적 화면 처리 방법과 지역적 화면처리 방법으로 구분할 수 있다. 두 방법의 차이점은 아래 표와 같다. 이 책의 mtg 부분에서 필자는 주로 중앙집중적 화면 처리방식을 줄곧 사용하였다. 이유는 현대 프로그래밍의 많은 언어들이 중앙집중적 화면처리를 주로 사용하고 있기 때문이다. 그러나 가끔 지역 처리방식을 사용하여 빠르게 화면을 처리하는 효과를 내고 싶을 때가 있기 때문에 지역적 화면처리 방법도 공부할 필요가 있다.

종류	사용용도
지역적 화면처리	· 주로 타이틀 화면 제작에 사용 · 함수를 호출하면 바로 출력됨 · 기존의 화면이 지워지지 않고 겹쳐서 출력됨
중앙집중적 화면처리	· mtg 틀에서 Draw( ) 함수에서만 출력함수 사용 · 출력할 내용의 변수를 변경한 후 _Invalidate( ) 함수를 호출해야 출력됨 · 기존의 화면이 지워지고 새로 그려짐

mtg에서 지원되는 각 종류별 함수는 아래와 같다.

종류	사용용도
지역적 화면처리	· _DrawTextOrg( ) · _DrawTextColorOrg( )
중앙집중적 화면처리	· Draw( ) · _DrawText( ) · _DrawTextColor( )

04 게임 시작 타이틀 화면 제작 (윈도우즈)

게임이 시작될 때 처음 화면에 게임과 제작자의 정보를 보여 주는 게임들을 흔히 보았을 것이다. mtg에서도 이러한 용도로 시작 타이틀을 제작할 수 있다. 시작 타이틀을 제작하는 방법은 프로그래머의 상상에 따라 다양 하지만 주로 애니메이션 효과를 많이 사용한다. 특히 애니메이션 효과를 위해서는 2가지 방향으로 구현할 수 있는데

첫째: _DrawTextOrg 함수와 _Delay( ) 함수를 사용한 애니메이션

둘째: _DrawText( ) 함수와 _GetTickCount( )를 이용한 애니메이션

게임 시작타이틀 화면 제작을 위해서는 위의 두 가지 방법을 모두 사용할 수 있지만 주로 필자는 교육상 첫 번째 방법을 많이 권하고 있다. 그 이유는 두 번째 방법에 비하여 첫 번째 방법이 로직을 구현하기가 훨씬 쉽기 때문이다. 아래에는 첫 번째 방법으로 소용돌이치는 애니메이션 화면을 구현한 소스이다. 프로그램이 시작되면 애니메이션으로 소용돌이를 만들고 애니메이션이 끝나면 3초 후 자동으로 main 스테이지로 이동한다.

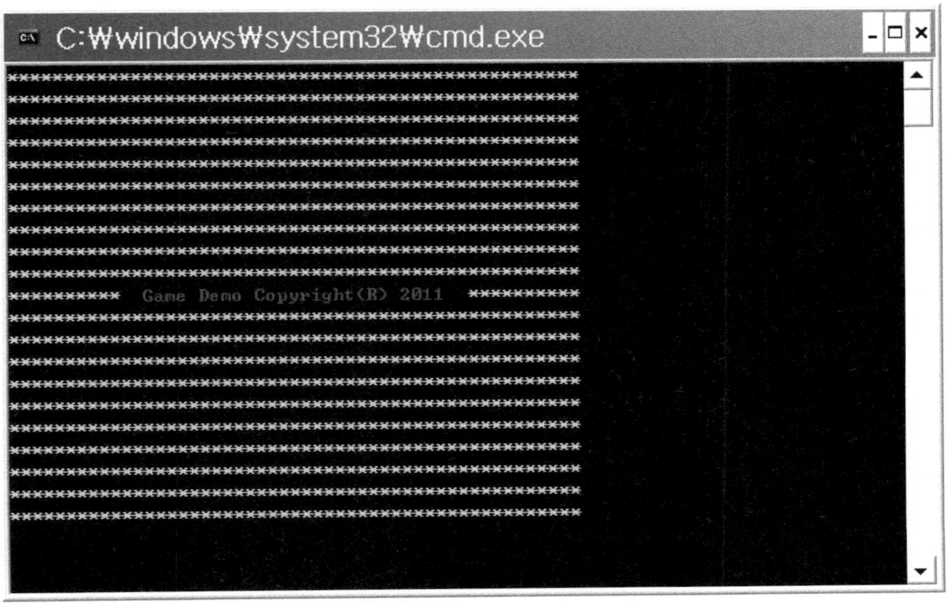

```
#include <stdio.h>
#include <stdlib.h>
#include "mtg.h"

void Draw()
{
    _DrawText(10,15,"Stage 1 !");

}
void RunIni()
{


    _Invalidate();
}
int RunKey()
{
    char k;

    k=_GetKey();
    if(-1==k) return 0;
    if('q'==k)
    {
        return -1;
    }
    else
    {

    }

    _Invalidate();

    return 0;
}
void Title1()
{
    int dx,dy;
    int sx,sy;
    int x,y;

    sx=0;
    sy=0;
    dx=50;
```

```
    dy=20;

    while(1)
    {
        y=sy;
        for(x=sx;x<dx;x++)
        {
            _DrawTextOrg(x,y,"*");
            _Delay(10);
        }

        for(y=sy;y<dy;y++)
        {
            _DrawTextOrg(x,y,"*");
            _Delay(10);
        }

        for(x=x;sx <= x;x--)
        {
            _DrawTextOrg(x,y,"*");
            _Delay(10);
        }

        x=sx;
        for(y=y;sy <= y;y--)
        {
            _DrawTextOrg(x,y,"*");
            _Delay(10);
        }
        sx++;
        sy++;
        dx--;
        dy--;
        if(sy==dy) break;
    }
    _DrawTextColorOrg(x+2,y+2," Game Demo Copyright(R) 2011",0x2);
    _Delay(1000*3);

}
void RunGameTitle( )
{
    Title1( );
}
```

```
void GameMain()
{
    RunGameTitle( );
    RunIni();
    while(1)
    {
        if(-1==RunKey())
        {
            break;
        }
    }
}
int main()
{
    _BeginWindow();
    GameMain();
    _EndWindow();
    return 0;
}
```

05 다중 스테이지 지원

게임을 만들다 보면 난이도를 다르게 하거나, 내용을 확장하기 위해 다중 스테이지가 필요하다. mtg에서 다중 스테이지 게임을 만들기 위해서는 여러 가지 방법이 있지만 필자가 주로 사용하는 방법을 소개하고자 한다. 먼저 스테이지를 나타내는 변수를 선언하고 초기 값을 준다. Draw( ) 함수에서 스테이지 별 Draw( ) 함수를 각각 만들어, 해당 스테이지마다 해당 화면을 각각 코딩한다. 또 RunKey( ) 함수에서 스테이지별 입력 함수를 두고 각 스테이지마다 해당키를 처리하게 한다. 자료 구조는 게임의 전체 공통 자료 구조와 스테이지별 자료구조를 분리하여 사용한다. 필자가 사용하는 다중 스테이지 기본 코드는 아래와 같다. 스테이지를 변경하고 싶으면 g_stage 값을 변경하면 된다.

```
#include <stdio.h>
#include <stdlib.h>
#include "mtg.h"

int g_stage=1; //스테이지 표시 변수

//공통 자료 구조

//스테이지1 자료 구조

//스테이지2 자료 구조

void Draw1()
{
    //스테이지 1 화면
}
void Draw2()
{
    //스테이지 2 화면
}
void Draw3()
{
    //스테이지 3 화면
}
void Draw()
{
```

```
    switch(g_stage)
    {
    case 1:
        Draw1();
        break;
    case 2:
        Draw2();
        break;
    case 3:
        Draw3();
        break;
    default:
        break;
    }
}
void RunIni()
{

    _Invalidate();
}
void Key1(char k)
{
    //스테이지1 키 처리
}
void Key2(char k)
{
    //스테이지2 키 처리
}
void Key3(char k)
{
    //스테이지3 키 처리
}
int RunKey()
{
    char k;

    k=_GetKey();
    if(-1==k) return 0;
    if('q'==k)
    {
        return -1;
    }
    else
```

```
    {

    }

    switch(g_stage)
    {
    case 1:
        Key1(k);
        break;
    case 2:
        Key2(k);
        break;
    case 3:
        Key3(k);
        break;
    default:
        break;
    }

    _Invalidate();

    return 0;
}
void GameMain()
{
    RunIni();
    while(1)
    {
        if(-1==RunKey())
        {
            break;
        }
    }
}
int main()
{
    _BeginWindow();
    GameMain();
    _EndWindow();
    return 0;
}
```

M·E·M·O

부록 Ⅱ mtg Core API

01_mtg Core API

02_mtg sound Core API

01 mtg Core API

version 2017.11 기준

- Windows : 특별한 라이브러리 설치 필요 없음(mtg.c, mtg.h 필요)
- Linux : curses 라이브러리 설치 필요(mtg.c, mtg.h + curses 라이브러리 필요)
- Linux1 : 특별한 라이브러리 설치 필요 없음(mtg.c, mtg.h 필요)

함수	설명	Windows	Linux	Linux1
void _BeginWindow( )	mtg를 초기화한다.	O	O	O
void _EndWindow( )	mtg를 해제한다.	O	O	O
void _DrawText(int x,int y, char* msg)	x, y의 위치에 문자열 msg를 출력한다.	O	O	O
void _Invalidate( )	화면을 지우고 다시 그리게 한다.(Draw 함수 호출함)	O	O	O
char _GetKey( )	현재 키보드의 눌려진 키값(스캔코드값)을 리턴한다. 아무 키도 눌려지지 않았으며 -1을 리턴한다.	O	O	O
long _GetTickCount( )	현재 시스템의 틱 카운트 값을 리턴한다. 이 값의 차이로 경과된 시간을 계산할 수 있다.	O	O	O
void _Delay(int time)	time 초만큼 프로그램을 정지시킨다.	O	O	O
void _MessageBox(int x,int y, int w,int h,char* msg)	x, y의 위치에서 넓이 w, 높이 h 만큼 박스를 만들고 그 내부에 msg 내용을 출력한다.	O	O	O
void _SetColor(int color)	color 색으로 출력을 설정한다. 이후 출력되는 모든 문자는 color 색으로 출력된다.	O		
void _DrawTextColor(int x, int y,char* msg,int color)	x, y의 위치에 color 색으로 msg를 출력한다.	O		
void _MessageBoxEx(int x, int y,int w,int h,char* msg)	x, y의 위치에서 시작해서 넓이 w, 높이 h인 메시지 박스를 만들고 msg를 출력한다.	O		
void _MessageBoxExColor (int x,int y,int w,int h, char* msg,int color)	x, y의 위치에서 시작해서 넓이 w, 높이 h인 메시지 박스를 만들고 color 색으로 msg를 출력한다.	O		
void _DrawTextOrg(int x,int y, char* msg)	x, y의 위치에 msg를 출력한다.(로컬 화면처리 용)	O		
void _DrawTextColorOrg(int x, int y,char* msg,int color)	x, y의 위치에 color 색으로 msg를 출력한다.(로컬 화면 처리 용)	O		

02 mtg sound Core API

version 2017.11 기준

● Windows : 특별한 라이브러리 설치 필요 없음(mtgsound.c, mtgsound.h만 필요)

함수	설명	Windows	Linux	Linux1
void MTGOpen (LPSTR filename)	filename 파일을 연주하기 위해 오픈한다.(연주할 파일은 실행파일 경로에 있어야 한다. 확장자는 mp3)	O		
BOOL MTGPlay( )	오픈한 파일을 연주한다.	O		
BOOL MTGStop( )	연주중인 파일을 정지시킨다.	O		
BOOL MTGPause( )	연주중인 파일을 잠시 정지시킨다. MTGPlay( ) 함수로 다시 연주 가능하다.	O		
int MTGGetVolume( )	현재 사운드의 볼륨설정 값을 리턴한다.	O		
void MTGSetVolume (DWORD volume)	사운드의 볼륨값을 volume으로 설정한다.	O		
DWORD MTGGetPosition( )	현재 연주중인 음악의 위치를 리턴한다.	O		
DWORD MTGGetLength( )	오픈한 파일의 전체 길이를 리턴한다.	O		
void MTGSetPosition (DWORD dwPos)	dwPos 값으로 현재 오픈한 파일의 연주 위치를 변경한다.	O		
void MTGPlayWave (char* filename,int ch)	채널 ch에서 filename 파일을 연주한다. 주로 효과음 용도로 사용하며 ch 값은 0, 1 두 채널이 지원된다.	O		